中小企業のイノベーション（経営革新・新事業開発）支援

一般社団法人
城西コンサルタントグループ
朝倉　雄一 編著

三恵社

まえがき

　平成26年度の「中小企業支援計画」は、「我が国経済は長引くデフレから脱却、GDP成長率も6四半期連続で成長、＜マイナス＞から＜プラス＞へと転じている。こうした中で、地域の中小・小規模事業者の多くはまだ景気回復を実感できておらず、経済の好循環を実現し、全国津々浦々の事業者にまで行き届かせるためには様々な施策を講じていく必要がある。また、中小・小規模事業者政策においては①イノベーションの推進、②小規模事業者対策、③消費税転嫁対策、④被災地の復旧・復興の4つの課題がある。国は都道府県、中小機構の支援事業と適切な役割分担の下で、緊密に連携しながら支援事業の実施を図っていく」としております。

　さらに、課題①、②については、「ものづくり・商業・サービス革新事業」「海外展開戦略支援事業」「連携促進支援事業」「創業促進補助金事業」「経営革新支援事業」「創業・新事業創出等支援事業」等々、本書の基本テーマでもある「経営革新」「新事業開発」にかかわる施策事業を多く掲げており、この面で積極的に支援施策の推進をはかっていこうとする姿勢を示しています。

　次に、支援体制の充実に関しては、平成24年8月創設の中小企業経営力強化支援法により認定された「認定経営革新支援機関」が「事業者にとってよりよい仕組みとなるよう取り組みをすすめていく。また、複雑、多様化する中小・小規模事業者の支援ニーズに対しては、「各地域の支援機関が一体となって様々な経営相談に対応していけるよう＜よろず支援拠点＞を整備する。加えて、商工会・商工会議所が行う支援については、従来からの記帳指導のみならず、継続的に事業を発展させていく＜経営の発達＞に向けた支援に重点的に取り組んでいく。」等とし、「よろず支援拠点や認定支援機関、商工会・商工会議所等の支援体制の整備・強化に努めていく。」と絞めくくっています。

　以上の行政サイドからするマクロの中小・小規模企業施策に対して、本書はよりミクロの立場からする支援対策について、主として「＜経営革新・新事業開発＞にかかわる経営戦略・計画の策定・支援はいかにあるべきか」の点にターゲットを絞り、記述をすすめていくことにしております。

上記「中小企業支援計画」も示唆している通り、長期のデフレ不況からの脱却がようやくほの見えてきたとはいえ、慢性的な経営不振に喘いでいる中小企業がそういう閉塞状況をブレークスルーしていくためには、自らの強み・弱みを見つめなおし、他とは差別化された競争力のある新しい何かを事業展開の主軸に据え、立ち向かっていくということでなければ長期不況からの脱却は到底難しいと見込まれる状況です。

　中小企業支援機関にはこういう厳しい現実をふまえて、支援体制の整備・強化をはかり、「経営革新・新事業開発」による戦略展開を最も効果的に発揮・支援していくことが求められる状況に置かれていると思料されます。

　本書は認定支援機関等の中小企業経営支援者各位を想定読者層として編集しております。具体的には、地域金融機関、商工会・商工会議所、各種地域商工団体、地域行政機関担当部門等の職員の方々、および、経営コンサルタント・中小企業診断士、税理士、会計士、弁護士、社労士等の中小企業支援専門家・専門機関の方々を対象として考えております。本書が中小企業支援業務の推進に当たり、何らかのヒントが得られ役立てていただけるものであれば大変幸せに思うものです。

　本書の編集・執筆は（社）東京都中小企業診断士協会城西支部の関連団体である（社）城西コンサルタントグループ（略称ＪＣＧ、その他巻末編著者紹介欄参照）所属コンサルタントのうち有志メンバー数名がかかわり制作しました。うち全体の企画・編集および第１、２、４章執筆については城西支部顧問、ＪＣＧコンサルタントの朝倉が担当、また第３章１～５項についてはＪＣＧ副会長・コンサルタントの滝沢および同じくコンサルタントの東、小菅、竹口、岡田の計５名が分担担当しました。

　書籍内容の概略については以下のとおりです。
　まず第１章では、「経営革新」を「新事業開発」というテーマに絞って、その展開はいかにあるべきかについて解説。
　その中１項では、中小企業基本法等に依り「経営革新」の基本理念に言及ののち、２項（１）では、「新事業開発」のスタート・アップ段階に際する事業

機会の探索、事業コンセプトの明確化、ビジネスモデルの構築等の諸テーマを開発プロセスに沿い説明。

同じく（２）では、経営理念・事業ビジョンを明示することでビジネスとしての実態と主張をより明確化していくべきことを説き、次いで、ドメインの絞り込みからＳＷＯＴ分析、３Ｃ分析、ＫＦＳの特定、課題抽出等を経て、事業計画構想に至るまでのプロセスを概観しています。

また、第２章の「成長／拡大段階における基本戦略」１項「成長段階における基本戦略」では新規事業を競争力のある本格的ビジネスとしていかに育て上げていくべきかについて競争優位の確立、マーケティング、ブルー・オーシャン戦略等の理論・手法に依りながら検討・整理しています。また２項「多角化による規模の拡大」では、より規模の大きい複合的多角化企業として成長・発展させていくにはどのように取り組みを進めていくべきかについて、同じくよく周知されている戦略理論・手法に依りながらそれぞれのポイント事項について論じています。

第３章では、個別分野別の観点から「経営革新」にかかわるテーマをあらためて取り上げ、促進していくべき諸対策について論評しています。①海外展開、②人的資産管理、③資金調達にかかわる留意点、④リスク・マネジメント、⑤公的支援施策の活用等のテーマについて取り挙げています。前章とは異なり当章では理論的な形式にとらわれず、極力実務の実態に即して自由に議論を展開していくことを心掛けました。

第４章では事業計画の作成について検討を加えております。

当４章はこれまでの第１～３各章での議論のいわば集大成となるものであり、「経営革新と新事業開発戦略」「成長段階における基本戦略」「多角化による規模の拡大」「個別分野別の経営革新対策」等のパートで検討された議論をいかに事業計画に落とし込んでいくかが主な論点となっています。

まず１項の「バランスト・スコアカードについて」ではバランスト・スコアカード手法の基本的枠組み及びその構築手順についてコメントしています。

その上で２項「事業計画表への取りまとめ」ではバランスト・スコアカードの手法・手順を取り入れていかにして事業計画へと落とし込んでいくか、個別計画内容別に検討を加えています。その上で「事業計画の進捗管理」について

は、バランスト・スコアカード運用上および事業計画そのものの運営管理上の観点の2つの側面から問題点を取上げ質しています。

　なおバランスト・スコアカードについては、ある意味で経営戦略・手法の考え方を体系的に整理しなおして、事業計画化するための手続きであるとも換言できるものであり、本書第4章のような場合の事業計画化プロセス説明にはまさに打ってつけのシステムであると心得ています。

　最後に本書の作成に当たり直接・間接に種々ご支援いただいた方々に対し、ここに記して感謝の意を表する次第です。

平成26年11月
朝倉雄一

「 中小企業のイノベーション（経営革新・新事業開発）支援 」
目次

まえがき・・・・・・・・・・・・・・・・・・・3

第1章　経営革新と新事業開発・・・・・・・・・・11
 1　経営革新の基本理念・・・・・・・・・・・・・12
  （1）　中小企業基本法（平成11年改定）・・・・・12
  （2）　イノベーションと経営革新・・・・・・・・13
  （3）　ベンチャー企業の生成・発展・・・・・・・15
 2　新事業の開発・展開・・・・・・・・・・・・・20
  （1）　スタートアップ段階・・・・・・・・・・・20
  （2）　事業構想の活動展開・・・・・・・・・・・27

第2章　成長／拡大段階における基本戦略・・・・・45
 1　成長段階における基本戦略・・・・・・・・・・46
  （1）　戦略展開にかかわる理論・手法・・・・・・46
  （2）　競争優位の確立・・・・・・・・・・・・・46
  （3）　マーケティング戦略・・・・・・・・・・・61
  （4）　ブルーオーシャン戦略・・・・・・・・・・68
 2　多角化による規模の拡大・・・・・・・・・・・78
  （1）　成長の方向性・・・・・・・・・・・・・・79
  （2）　複数事業の組み合わせの最適化・・・・・・85

第3章　個別テーマ分野別の経営革新対策・・・・・89
 1　海外展開（中小企業の海外進出）・・・・・・・90
  （1）　経営革新対策としての海外進出・・・・・・90
  （2）　海外進出のステップ（輸出から直接投資まで）・・・95
  （3）　海外進出のリスク管理・・・・・・・・・101
  （4）　グローバル人材の育成・・・・・・・・・106

2　人的資産管理(中小企業の人材活用戦略)・・・・・・・・・・・・111
　（1）　経営環境の変化と雇用情勢の動向・・・・・・・・・・・111
　（2）　人事制度のフレームワーク・・・・・・・・・・・・・113
　（3）　中小企業の人事制度における課題・・・・・・・・・・115
　（4）　人事制度の課題克服のための方向性・・・・・・・・・116
　（5）　少子高齢化に向けた対策・・・・・・・・・・・・・・120
　（6）　中小企業の採用活動・・・・・・・・・・・・・・・・126
　（7）　中小企業の賃金制度・・・・・・・・・・・・・・・・128
　（8）　元気な中小企業の取り組みと価値観・・・・・・・・・129
3　資金調達にかかわる留意点・・・・・・・・・・・・・・・・130
　（1）　ビジネスモデルと収益構造の見極め・・・・・・・・・130
　（2）　高収益型ビジネスモデル実現のための最低条件・・・・138
　（3）　最終的には財務体力の勝負・・・・・・・・・・・・・139
　（4）　経営・財務管理能力の自己点検・・・・・・・・・・・141
　（5）　納得の得られる実施スケジュールと計画数値・・・・・142
　（6）　まとめ・・・・・・・・・・・・・・・・・・・・・・143
4　リスクマネジメント・・・・・・・・・・・・・・・・・・・144
　（1）　リスクマネジメントの必要性・・・・・・・・・・・・144
　（2）　リスクと対応策・・・・・・・・・・・・・・・・・・145
　（3）　リスクマネジメントの実施・・・・・・・・・・・・・146
　（4）　中小企業のリスクマネジメントの特徴・・・・・・・・147
　（5）　リスクマネジメントと危機管理・・・・・・・・・・・148
　（6）　ＢＣＰとは・・・・・・・・・・・・・・・・・・・・148
　（7）　ＢＣＰの狙いと効果・・・・・・・・・・・・・・・・149
　（8）　ＢＣＰ策定の手順・・・・・・・・・・・・・・・・・150
5　公的支援施策の活用・・・・・・・・・・・・・・・・・・・154
　（1）　中小企業支援施策・・・・・・・・・・・・・・・・・154
　（2）　支援体制の強化（「よろず支援拠点」の設置）・・・・・174

第4章　事業計画の作成・・・・・・・・・・・・・・・179
1　バランスト・スコアカードについて・・・・・・・・・180
　（1）　なぜバランスト・スコアカードなのか・・・・・・180
　（2）　バランスト・スコアカードの基本的枠組み・・・・・・・182
　（3）　バランスト・スコアカードの構築・・・・・・・・・・184
2　事業計画表へのとりまとめと進捗管理・・・・・・・202
　（1）　事業計画表へのとりまとめ・・・・・・・・・・202
　（2）　事業計画の進捗管理・・・・・・・・・・・・・212

第1章

経営革新と新事業開発

1　経営革新の基本理念

(1)　中小企業基本法（平成１１年改定）

　中小企業基本法は昭和３８年制定以来初めて改定されていますが、平成１２年版中小企業白書は同法の改定に至るまでの経過や背景について、基本的な考え方を概観するとともに改定の内容を以下の趣旨どおり簡潔にまとめています。本書の基本テーマである「経営革新」についての基本的とらえ方にかかわる問題でもあるので、まず最初にその概略を質しておくこととします。

　白書は「我が国経済が現在の閉そく状況を打破し、経済構造改革を推進して新たな産業を創出していくに当たっては、外的環境の変化に対し自らリスクに挑戦し柔軟かつスピーディに対応できる創造性に富んだ経済主体の存在が何よりも重要となっている」と述べています。

　そのうえで「中小企業にはその強みを発揮しやすい状況が現れつつある半面で、規模の小ささゆえに技術面の強みは有するが、これを如何に商品化するか、資金力や販売面での経験に欠けるなど、経営資源の不足やそれにかかわる困難に直面する場合が多い。しかしながら経営資源の不足や直面する困難性の内容は、現在では企業の成長段階や研究開発、販路開拓など企業の取り組む経営課題に応じて多様なものとなっている。従来のように中小企業を画一的な弱者としてマイナスのイメージでとらえることはもはや困難である」と解説。

　そこで「新しい中小企業基本法は２１世紀おける中小企業は機動性、柔軟性、創造性を発揮し＜我が国経済のダイナミズムの源泉＞として次のような役割が期待される存在として位置づけられる」とした上で、以下のi～ivの項目を列挙、それまでの基本法にはなかった「経営の革新」「創業」「新事業開発」等を政策理念とする基本方針を積極的に打ち出していこうとするものである、と紹介しています。

　　i　市場競争の苗床
　　　多様な中小企業が活発に事業活動を行うことで新たな市場を創造、市場

競争が活発化し経済の新陳代謝が促進される。
ⅱ　イノベーションの担い手
中小企業はリスクに挑戦し自ら事業を起こしたり、新事業を展開していこうとする企業家精神発揮の場である。新たなイノベーションは革新的な技術の製品化や新たな業態等を提供するブレークスルー型の企業を創出する。多様な財・サービスを提供し、柔軟で機動的な分業関係を形成する。
ⅲ　魅力ある就業機会創出の担い手
中小企業はその創業、成長により企業家精神を発揮し、自己実現を図りうる魅力ある就業・雇用機会を提供する。
ⅳ　地域経済社会発展の担い手
中小企業は地域経済に密着、地域の産業集積、商業集積の中核をなす存在である。地域経済の活性化の牽引力となるとともに、様々な場面で地域社会に貢献する。

(2)　イノベーションと経営革新

「経営革新」が大きく注目される理由の一つは、中小企業の成長にとってそれが必要不可欠な条件と見做されているからと考えられます。そこでここではまず、基本法でも謳われている「経営革新」と革新にかかわる用語として一般に使われている「イノベーション」との違いは何かについて確認しておくことにしたいと思います。

「イノベーション」についてはＪ．Ａ．シュムペーター（２０世紀の代表的な経済学者、１８８３－１９５０）がその著「経済発展の理論」の中で、その概念を既存の体系とは根本的に異なるシステムを創造する取り組みとしての経営諸資源の非連続的な新結合であると定義し、その具体的内容として以下の５つの要件を挙げています。

　　ⅰ　新製品の開発・生産
　　ⅱ　新生産方法の導入
　　ⅲ　新マーケットの開拓

iv　新たな供給源の開発・獲得
　　　v　新しい組織の設計・実現

　要するにシュムペーターは「イノベーション」を、科学的知見に基づく発明・発見としての新製品・新技術、新生産方法の開発のみではなく、経営資源の新たな組み合わせによる既存製品の高品質化や新たな販売市場の開拓、あるいは新しい財貨の価値を実現するための新組織づくりをも含んだより包括的な概念として捉えているということです。
　従って「イノベーション」の進展は、既存の産業・企業システムはもとより社会システムにも大きなインパクトを与え、経済の均衡体系を動かし発展させるものであることを強調、必然的に大きな変容をもたらすとしています。

　他方で「イノベーション」と同義的に用いられる用語として「経営革新」があります。「経営革新」は中小企業政策推進上の鍵となる概念としてよく用いられていますが、例えば、中小企業基本法では「経営革新」を前項で確認した通り中心的基本政策理念として位置づけています。
　また中小企業施策遂行上の中心となる法律である中小企業新事業活動促進法では「経営革新」の定義を「新たな取り組みによって当該企業の事業活動の向上に大きく資するもので、＜新商品の開発又は生産＞、＜新役務の開発又は提供＞、＜商品の新たな生産又は販売方式の導入＞、＜役務の新たな提供の方式の導入、その他の活動＞等に該当するもの」であるとしています。
　このように中小企業新事業活動促進法で「経営革新」の定義として挙げている基本要件はシュムペーターが唱えた非連続的な新結合の5つの要件と類似していることから、「イノベーション」と同義的に扱われることが少なくありません。
　しかし現実的には、同法にかかわる「経営革新計画」の承認を受けるためには、同法が定義する上述の4つの要件のいずれかの新たな取り組みを実施することが条件になっていますが、そこでいう「新たな取り組み」とは個々の中小企業者にとって「新たなもの」であれば、既に他社において採用されている技術・方式を活用する場合でも承認の対象となります。

さらに期間や目標については、計画期間は３～５年、目標とする経営指標については付加価値額または１人当たりの付加価値額を使用し、承認されるには例えば５年計画の場合付加価値額または１人当たりの付加価値額の目標の伸び率が１５％以上であることが必要であるとしています（加えて３～５％の経常利益伸び率の達成が必要）。

　すなわちシュムペーターが唱えた経営諸資源の非連続的な新結合というイノベーションの概念とは異なり、同法で言う「経営革新」とは政策遂行上の承認基準を満たしたものであれば、連続的変化であっても企業成長につながる可能性のある新たな取り組みとして「経営革新」とみなしております。

　換言すれば政策遂行にかかわる現場ベースの世界では、「経営革新」というよりも「経営改善」の延長線上にあるようなビジネス・モデルでの計画申請と承認のケースの方が圧倒的に多いというのが実態であるよう推定されます。

　しかし経済のグローバル化とともに大企業はその生産拠点の主力を海外に移しつつあり、中小企業と言えども新規に独自のビジネスを開発していかねば、国内で経営活動を続けることはますます難しくなる情勢にあります。

　本来の意味での経営革新、つまりシュムペーターの指摘する「イノベーション」の概念により近い形での「経営革新」活動を追及していくことが、今後はより強く求められることになると考えられます。

（３）　ベンチャー企業の生成・発展

　ベンチャー企業の生成・発展は、我が国経済を過去の長期停滞から脱し新しい成長軌道に乗せていくために不可欠の前提となるものであり、いま多くの注目を集めているテーマです。

　そもそもベンチャー企業とは本章のテーマである「新事業開発」と深く関わりを持つ存在であり、「新事業開発」の問題を論じるに先立ち、まずベンチャー企業の定義とは何か、またその成長段階別のマネジメント戦略のポイントは何であるのかについて、その要点を質しておくこととします。

図表 1-1　ベンチャー組織の位置づけ

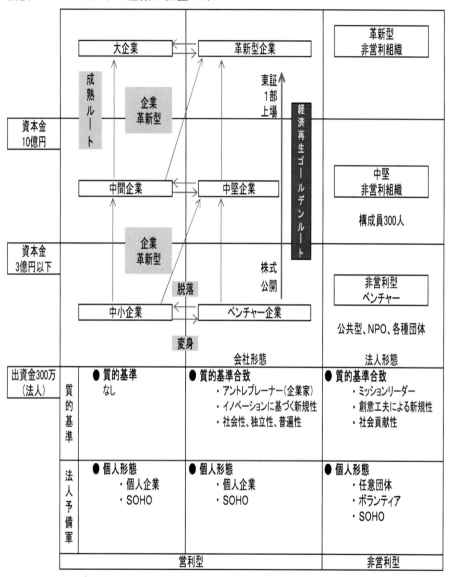

出所:「ベンチャー企業の経営と支援」早稲田大学アントレプレヌール研究会編、日本経済新聞社

第1章　経営革新と新事業開発

① ベンチャー企業の定義

　ベンチャー企業という言葉は定着してきていますが、その特殊性と多様性により形式的な基準によって捉えることは難しく、明確な定義づけはなされていません。その定義は歳月とともにあるいは論者によって異なっているのが実情です。
　ここでは、ベンチャー企業を日本経済再生の問題と密に関連付けてとらえている早稲田大学アントレプレヌール研究会の説を採りあげてコメントすることにしたいと思います。

　研究会の説くところによると「ベンチャー企業は営利型と非営利型に分類され、さらに営利型は独立型と企業革新型に大別される（なお企業革新型とは企業革新を目指して新規事業への挑戦を行う組織または企業のこと。社外ベンチャー＜子会社や関連会社＞あるいは社内ベンチャー＜社内組織＞の形を採るものを指す）。」
　そして「特に記述しない限り（ベンチャー）とか（ベンチャー企業）という場合は営利型で独立型のベンチャーを指すものとする。」
　また「非営利型ベンチャー企業や既存企業も含めた全体の中でベンチャー企業を位置づけると図表１－１のとおりとなる。」
　「ベンチャー企業は規模の面では中小企業の範疇に入るが、定義に示した基準（下段参照）を満たした経営姿勢・形態にある企業としてとらえられる。また、成長するに従い中堅企業さらには革新型企業へと変身していくが、規模が拡大しても、なおひたむきに企業革新に挑戦し続ける体質が組織内に組み込まれている企業」とすることができる、としています。
　なお図表１－１上では、ベンチャー企業がやがて日本経済の活性化を牽引する革新型企業になることが「経済再生ゴールデンルート」として描かれています。また、ベンチャー企業は中小企業から「変身」するもの、若しくは「脱落」して再び中小企業に戻るものであることが併せて描かれています。

　さらに、ベンチャー企業の定義としては「高い志と成功意欲の強いアントレ

プレナー（起業家）を中心とした新事業への挑戦を行う中小企業で、商品、サービスあるいは経営システムにイノベーションに基づく新規性があり、さらに社会性、独立性、普遍性を持った企業」であると説いています。

② ベンチャー企業のマネジメント

ベンチャー企業のマネジメントの領域は多岐にわたっていますが、ここでは「戦略」という視点に絞って成長ステージ別にどのような特徴の変化があるのかについて、ベンチャー企業の経営戦略に詳しい金井一頼氏（大阪商業大学大学院教授）の立論に依り見ていくこととします。すなわち同氏は、ベンチャー企業の成長ステージ別の戦略のポイントについて以下の要旨どおりにまとめています（「ベンチャー企業経営論」金井一頼＜有斐閣＞より筆者が要約）

ⅰ スタートアップ期

（ 戦略的課題 ）
　　　いかに潜在的顧客の価値を満足するような製品やサービスを提供でき、事業として継続していく仕組みをつくれるか。それをベースにして新しいビジネス・モデルを創造すること。
（ 成功の鍵 ）
・ 事業の選定 ： 選定の鍵は起業機会の認識にある。どのような事業を選定するかによって、競合の状況も異なり事業コンセプトも違ってくる。
・ 事業コンセプトと事業計画の策定 ： 事業コンセプトの明確化により潜在的顧客・ニーズおよびそれを満たすための能力や資源が明らかになる。事業計画の策定により事業の仕組みや成功の要件を明確化する。
・ 経営資源の獲得 ： 必要な経営資源とくにどのように資金調達するか。コアとなる能力の識別と蓄積を積極的に図ること。

ⅱ 成長期

  (戦略的課題)
    競合他社が市場に参入し市場の拡大が生じる時期であるので、いかに競争優位性を確立するか、拡大した企業規模を適切にマネージする組織体制の確立が求められる。創造した新しいビジネス・モデルをスピーディに展開し高度化を図ることが必要。
  (成功の鍵)
  ・ 他社との戦略的提携を有効に活用、成長のスピードや競合圧力をマネージする。
  ・ 必要資源と既存資源との間での大きな資源ギャップに直面する。資源ギャップの大きさは成長のスピード、戦略により変わる。
  ・ コア能力の意識的な蓄積とアウトソーシングの有効な活用とのバランスが必要。
  ・ 差別化によるブランド戦略構築が競争戦略の中心。

ⅲ 安定期

  (戦略的課題)
    事業の脱成熟化を図るか、新たな事業創造による非連続的な変革（第2創業）を行うことが求められる（シュムペーター的企業家活動の活性化により新しいビジネス・モデルを構築）。
  (成功の鍵)
  ・ 成熟化した既存ドメインの再定義
  ・ コア能力をベースにした資源展開
  ・ 社内ベンチャーや社外ベンチャーの有効活用
  ・ 性質の全く異なる事業（既存事業・新事業）を有効にマネージするための組織とシステム

2 新事業の開発・展開

(1) スタートアップ段階

　前項では経営革新の基本理念について、１９９９年改定の中小企業基本法の「経営革新」に対する考え方、「イノベーション」と「経営革新」の違い、ベンチャー企業のマネジメント等についてその内容を質してきました。

　そこでこの項では、「経営革新」にかかわるもう一つの中心テーマである「新事業開発」について、そのスタートアップ段階における主な戦略推進上のテーマを採りあげ検討を深めていくことにしたいと思います。

　ただし、全く新しい組織での新事業開発ということではなくて、既存事業体を含む事業組織一般が取り組む新事業開発について論じていくこととします。

① 事業機会の探索と事業コンセプトの明確化

ⅰ　事業機会の探索（事業アイディアの着想）

　新しい事業を始めるには新しいアイディアが必要です。そもそも新しいアイディアが思いつかなければ、新しいビジネスは始まりません。

　しかし、いかにしてアイディアを着想するかについては、これといった定石となるものはありません。

　とは言え、少なくともどんな市場に進出しどんな製品を開発すべきか、国内・海外の社会・経済の動き、技術動向、消費の流れなどを十分調べた上で、自社の位置づけを明確にして（自社の強み、経営資源の確認、事業方針の検討等）始めることでなくてはなりません。要するに、経営トップがまず自社の進むべき方向と目標を決め、そのドメインを決める。また、開発体制をしっかり作り上げることが先決であるということです。

　しかし、現実的には経営資源に限りのある中小企業にとっては、そういう方向性と態勢を仮に決めたとしても、具体的に新しい事業案を見出すことは容易

ではありません。

　できるだけ多くの情報に触れ、優れた新事業や新商品等の事例を集めることがポイントとなります。全く自社とは関係ないと思われる事例でも何かのヒントがあるかもしれないので、できるだけアンテナを高く広げておく必要があります。手がかりとなるポイントとしては、以下のとらえ方が挙げられます。

- 国、都道府県等の政策の変更による自社への影響
- 業界大手・中堅企業の事業戦略の変化
- 競合事業（製商品）の動向
- 取引先・仕入先などからの情報
- 異業種交流会・展示会・セミナー等への参加
- 専門誌・大学・研究機関情報へのアプローチ
- 新聞・テレビ・インターネットなどの情報（消費者ニーズの変化、時代のトレンドは何か等）
- 現在の事業のバリエーション（「地域を変える」、「年齢層を変える」、「価格を変える」、「使用時間帯を変える」とどうなるか？）

ⅱ　ドラッカーのイノベーションのための7つの機会

　ところでP・ドラッカー（オーストリア生まれのアメリカの経営・社会学者、1909～2005）はイノベーションについて（アイディアの着想について）、もう少し体系的、継続的な問題のとらえ方が必要であるとして、次のように述べています（「イノベーションと企業家精神」P・ドラッカー＜ダイヤモンド社＞）。

　すなわち「イノベーションとはエジソンのような天才によって生み出されるものでもなく、天の啓示のようなすばらしいひらめきに基づくものでもない。明確な目的意識、よく練られた方法論、精密な分析などによる凡人の地道な努力から生まれるものであり、画期的であるよりは継続的であり、独創的であるよりは体系的なものである。」とした上で、イノベーションの機会となるものとして以下の7項目を挙げています。

うち最初の4つは企業の内部や産業の内部におけるイノベーションの機会であり、残りの3つは企業や産業の外部におけるそれであるとしています。イノベーションにかかわる議論の場合によく引用される論述部分ですが、それぞれの要旨についてあらためて確認してみます

その1　予期せぬ成功と失敗
　予期せぬ成功ほどイノベーションの機会となるものはない。しかるに予期せぬ成功はほとんど無視される、あるいは存在さえ否定される。予期せぬ成功とは異なり予期せぬ失敗は採りあげることを拒否されたり気づかれずにいることはない。しかし、それが機会の兆候と受け止められることはほとんどない。

その2　ギャップの存在
　イノベーションの機会としてギャップはいくつかに分類できる。
・　業績ギャップ
　製品やサービスに対する需要が伸びているのに業績が上がっていない場合何らかのギャップが存在するとみるべきである。
・　認識ギャップ
　産業内部のものが物事を見誤り現実について誤った認識を持つとき、その努力は誤った方向に向かう。その時それに気づき利用するものにとってはイノベーションの機会となる認識ギャップが生まれる。
・　価値観ギャップ
　かつて日本の経済界の大物がアメリカでの講演で「テレビは高すぎて日本の貧しい人たちには買う余裕がない」といった。しかし、その後テレビは日本で急速に普及した。この日本の経営者にはテレビが単なる物ではないことが見えていなかった。消費者にとってテレビは新しい世界との接触であり、新しい生活と人生であった。
・　プロセスのギャップ
　プロセス・ギャップはなかなか見つけられないような代物ではない。消費者がすでに感じていることである。製品やサービスの目的は消費者の満足にある。この当然のことを理解していれば、プロセス・ギャップをイノベーショ

ンの機会として利用することは容易である。
その3　ニーズの存在
　ニーズはイノベーションの母である。主なニーズは3つに分けられる。
・　プロセス・ニーズ
　すでに存在するプロセスの弱みや欠落を補うためのニーズである。
・　労働力ニーズ
　企業や産業における労働力不足に対するニーズである。
・　知識ニーズ
　開発研究を行い、新しい知識を得るために必要なニーズである。
その4　産業構造の変化
　産業と市場の構造上の変化はイノベーションの機会である。
その5　人口構造の変化
　人口の増減、年齢構成、雇用、教育水準、所得など人口構造の変化はイノベーションの機会を提供する。
その6　認識の変化
　経済、政治、教育における社会の認識の変化はイノベーションの機会をもたらす。認識の変化に基づくイノベーションにはタイミングが決定的に重要である。
その7　新しい知識の活用
　発明発見という新しい知識に基づくイノベーションはいわば企業家精神のスーパースターである。これが一般にイノベーションと言われているものである。知識によるイノベーションは3つの特有の条件を伴う。社会・経済・認識の変化などのすべての要因を分析する必要性、イノベーションを成功させるための戦略の必要性、リスクが大きいだけにマネジメントと財務についての先見性が必要であること、の3つである。

ⅲ　事業コンセプトの明確化

　良い事業アイディアが浮かんだら、次にそれをビジネス・モデルとして仕上げていく。即ち、事業アイディアを経営の知識で仕組化していくプロセスへ移

ることとなります。早稲田大学インキュベーションセンター教授の大江建氏は事業アイディアを事業化にまで持っていくには、まず、事業コンセプトを明確にしなければならない。そのためには「顧客」、「提供する製品・サービスの仕様」、「提供する方法の差別化」の３つの要素をはっきりさせることが必要である、としています（「なぜ新規事業は成功しないのか」大江建＜日経新聞社＞）。

「顧客」について
　単に顧客は誰かというだけでなく、顧客が誰で製品やサービスをどのように利用するのかを明確にする必要があります。顧客のニーズを探り当てるためには「５Ｗ１Ｈ」で試してみることが効果的です。提案している製品・サービスについて「誰が（Ｗｈｏ）」「どこで（Ｗｈｅｒｅ）」「何を（Ｗｈａｔ）」「いつ（Ｗｈｅｎ）」「なぜ（Ｗｈｙ）」「どのように（Ｈｏｗ）」使うのかという問いに答えることです。それにより顧客の姿が見えてきますし、提案しようとする製品・サービスの仕様も自ずと明確になってきます。

「製品・サービスの仕様」について
　しかしこの仕様は、あくまで製品やサービスをつくり出すためのガイドラインであり、ターゲット市場に参入するための「基本的特性」にすぎません。この「基本的特性」だけでは競合製品との差別化はできません。
　特性には絶対なくてはならない「基本的特性」、購入の決定につながる決定的特性」、あった方が良い「優越的特性」の３つがあります。差別化のためには「基本的特性」を超えて他社製品といかに差別化するかを案出しなければなりません。そのためには提供しようとする製品・サービスの特徴はなんであるかについて、「基本的特性」だけでなく「決定的特性」「優越的特性」がそれぞれ何であるのかを明確にすることが必要です。

「提供する方法の差別化」について
　前段では製品・サービスレベルの差別化、そのための特徴の案出について言及しました。しかし、超競争時代に入りどこの競合先も同じような技術レベルになっているので、はじめは特徴ある仕様であったものがすぐに当たり前の仕

様になってしまいます。

そこで、製品やサービスそのもの以外の面でいかに差別化するかが重要となります。製品やサービスレベルを超えた事業レベルでの差別化戦略を検討することが必要です。

そのためには「消費チェーン」コンセプトを使った分析手法を活用することが有用です。「消費チェーン」とは顧客の潜在的ニーズから始まり、顕在化されたニーズ、選択、購入、支払い方法、利用、保守、修理から最終的にその製品の廃棄、リサイクルするまでの顧客と製品のかかわりあいを示すものです。

事業の種類によって消費チェーンの構造は少しづつ異なりますが、代表事例としては図表1－2どおりのものが挙げられます。

図表1-2　消費チェーン

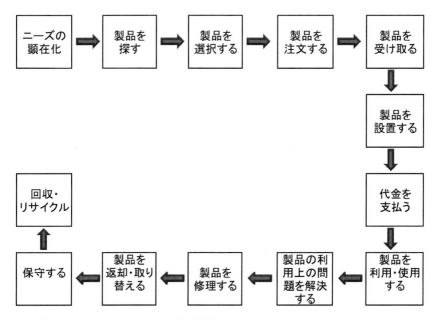

出所:「何故新規事業は成功しないのか」大江建（日経新聞社）

どんな事業でもこの消費チェーンのすべての段階で差別化することは不可能ですが、反面で一つのステップでさえ差別化できなければ新規事業の成功は覚束ないということになります。その場合、最終的に価格競争にのめりこんでしまう可能性が高いため、利益の出ない事業になってしまいます。

② ビジネス・モデルの構築

事業アイディアの着想、事業コンセプトの明確化に続いて、次はビジネス・モデルの構築のステップへとすすむことになります。

ⅰ ビジネス・モデルの定義

ビジネス・モデルとは「誰に・何を・どのように提供して利益を生み出すか」、即ち「市場に対する提供価値のあり方を顧客、仕入れ先、協力業者を含めた事業の仕組みとして表すこと」とすることができます。
　より具体的には次の5つの視点からアプローチすることにより、その姿をはっきりさせることができます。

- 誰にどのような価値を提供するのか
- そのために経営資源をどのように組み合わせるのか
- その経営資源をどのように調達するのか
- パートナーや顧客とのコミュニケーションをどのように行うのか
- いかなる流通経路と価値体系の下で届けるのか

ⅱ 良いビジネス・モデルの条件

ビジネス・モデルは次章で採りあげる事業戦略同様、常に仮説であり走りながらの検証や修正が欠かせません。しかし、ビジネス・モデルの原点は「儲かる仕組みづくり」であるから、モデルの検証や修正にあたっては「本当に市場志向になっているか、競争対応は十分か」といった点を十分に問い直してみる

必要があります。

　すなわち、事業システムを分解しそれぞれの内容を吟味していくと、必ず何らかの問題点が発生してくるはずですから、それらの点については十分に検討を加えることが求められます。そのためには、次のような条件についてその内容を吟味、検討してみることが必要です。

- なぜその顧客がその製品・サービスを利用するかが明確（顧客が購入しているシーンがイメージできる）
- 市場性の面で魅力的で持続的に勝てる（「市場の魅力度」と「持続的競争優位性」を築けるかで評価）
- 模倣されにくいユニークな強みがある（表層に表れにくい部分＜オペレーション、組織文化、マネジメント・システム等＞で独自性をつくり、それを組み合わせていく）
- ステークホルダーを巧みに巻き込んでいる（ステークホルダーとの戦略的アライアンス、Ｗｉｎ－Ｗｉｎの関係、ビジョン・経営理念に共感、丁寧なコミュニケーション等）
- 課金の仕組みが巧み（価値を最も感じ、支払い意欲・能力のある顧客から良いタイミングで課金する。例：成功報酬、コピー機の消耗品、定額固定課金、前払いチケット制度等）
- その他（フレキシブルか、リスク・テイクの度合いは適切かなど）

（２）　事業構想の活動展開

①　経営理念・ビジョン

　経営理念とは企業行動における基本的な価値観、精神、信念あるいは行動基準を表明したものであり、大企業のほとんどが企業のあるべき姿、経営者の方針や理念、社員に求められる基本的な行動規範や心構えなどについて何らかの形で文章化しています。
　もちろん、中小企業にとってもこれは必要な事であり帝国データバンクが

明治末年以前創業の老舗企業を実施した調査では（２００８年実施）「家訓、社訓、社是、経営理念、信条」を持っている企業は７７．６％であり、その役割としては「共通価値観の醸成」「基本的な経営指針」「精神面の支柱」などが挙げられている、としています。

他方ビジョンとは、中長期にわたる自社の戦略の方向性を内外に示すものであり、経営理念をより具体的に数字などで表したものです。将来の自社のあるべき姿をどう実現していくかの基本的枠組みを示すものといえます。

ここからも分かるように、ビジョンは経営理念のように創業から一貫して流れている哲学や価値観とも異なり、その時代に合わせて変化していくより具体的な目標であり、次項以降で言及する経営戦略ともより密なかかわりを持つものです。

新事業開発に関わるビジネス・モデルの構築から、より本格的・永続的な企業としての経営態勢へとビジネスを発展させていくためには、まず経営理念・ビジョンをはっきりさせることから始めなければなりません。

図表 1-3　経営理念・ビジョンの位置づけ

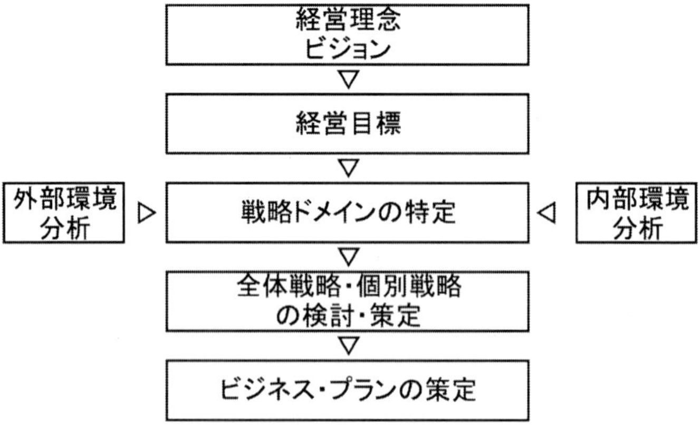

```
        ┌─────────────┐
        │  経営理念    │
        │  ビジョン    │
        └──────┬──────┘
               ▽
        ┌─────────────┐
        │  経営目標    │
        └──────┬──────┘
               ▽
┌────────┐  ┌─────────────┐  ┌────────┐
│外部環境│ ▷│戦略ドメインの│◁ │内部環境│
│ 分析   │  │    特定      │  │ 分析   │
└────────┘  └──────┬──────┘  └────────┘
               ▽
        ┌─────────────┐
        │全体戦略・個別戦略│
        │  の検討・策定  │
        └──────┬──────┘
               ▽
        ┌─────────────┐
        │ビジネス・プランの策定│
        └─────────────┘
```

出所：筆者作成

その上で経営目標の設定から、内外環境分析、ドメインの特定、全体・個別戦略の検討を経て、ビジネス・プランの策定へとつなげていくプロセスを

踏んでいくこととなります。

② ドメインの絞り込み

ドメインとは企業の活動領域のことであり、通常企業は具体的な戦略策定に先駆けて事業の展開範囲を設定し、戦略をすすめていくべきものとされています。

実際の戦略策定においては、経営理念やビジョンを前提にした上で中長期の広範な全社ドメインを設定、環境分析をふまえて注力する範囲を絞りこみ個別事業のドメインを設定するというプロセスをとります。ドメインをどう設定するかによって全社戦略と事業戦略の検討範囲は異なって来るため、戦略策定上の前提としてドメインの設定はきわめて重要です。

図表 1-4　中心的事業領域（ドメイン）

中心的事業領域

ドメイン

提供価値

対象顧客

独自能力

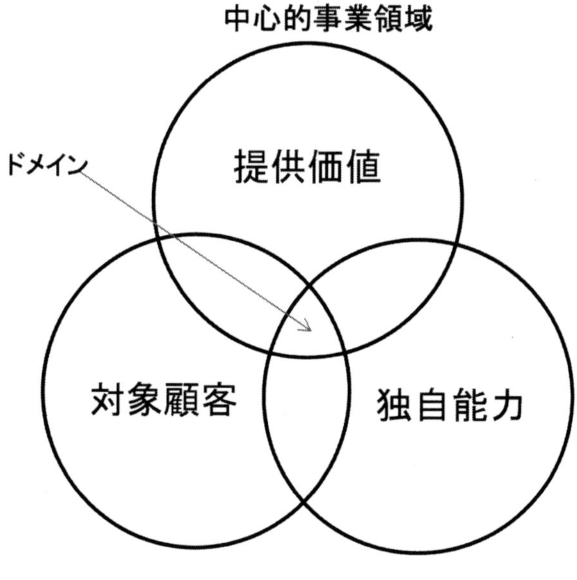

ただし、以上は主として既存の企業の中で本業とは別の新しい事業を始める

場合のドメインの設定の仕方について述べたものですが、独立型ベンチャー企業の場合は当然これとは異なった設定アプローチをとることとなります。初めて会社を設立し事業を開始する後者の場合、経営資源も少なく事業規模も小さいためドメインの選択と集中という作業が重要となります。大局を見たうえで思い切って重要でないものを捨て、選択したその分野で成功を心掛けることが第一義的に重要です。

ドメイン設定を考える視点として、アメリカの経営学者D・エイベルは3つの要素を挙げています。すなわち、市場（顧客セグメント、用途分野、地域など）、独自能力（技術、ノウハウ、マーケティング力など同業他社と比較して自社が優位性を有している部分）、顧客ニーズ（生産性、快適性、合理性など購買者が購買決定要因として感じているもの）の3つです。

この3つの視点が重なり合ったところが中心的事業領域＝ドメインということになります（図表1-4参照）。

③ SWOT分析

 i SWOT分析の意義

SWOT分析は前項で検討した新事業開発にかかわる「事業機会の探索と事業コンセプトの明確化」や「ビジネス・モデルの構築」等をより周到な形に仕上げるため、さらには次章以降で採りあげる「成長段階における基本戦略」や「多角化による企業規模の拡大」等の検討に際しても重要な分析手続きとなるものです。

分析の要領は、企業を取り巻く環境を内部環境と外部環境に分け、内部環境については自社の「強み（Ｓｔｒｅｎｇｔｈ）」と「弱み（Ｗｅａｋｎｅｓｓ）」、外部環境については「機会（Ｏｐｐｏｔｕｎｉｔｙ）」と「脅威（Ｔｈｒｅａｔ）」の4要素に区分し分析します（なお、SWOT分析のSWOTとはＳｔｒｅｎｇｔｈ、Ｗｅａｋｎｅｓｓ、Ｏｐｐｏｔｕｎｉｔｙ、Ｔｈｒｅａｔそれぞれのイニシャルから取られた呼称です）。

第1章　経営革新と新事業開発

　まず分析の第一段階では、内部・外部環境分析の結果を4要素別に整理します。
　続いて、次のステップとしてＳＷＯＴのマトリックスの各要素をクロスさせながら
　「企業における強みを市場機会に生かす」
　「企業の強みを生かし市場の脅威の回避に備える」
　「企業における弱みを克服し市場機会に生かす」
　「企業の弱みを克服し市場の脅威に備える」
　といった要領で保有する経営資源を市場環境の変化に対応させながら、全体最適となる方向性を打ち出していく形で分析をすすめます（図表1－5参照）。

図表1-5　ＳＷＯＴ分析

		内部環境	
		強み（S）	弱み（W）
外部環境	機会（O）	企業における強みを市場機会に生かす	企業における弱みを克服し市場機会に生かす
	脅威（T）	企業の強みを生かし市場の脅威回避に備える	企業における弱みを克服し市場の脅威に備える

出所：諸資料を参照筆者作成

　また、ＳＷＯＴ分析は事業環境や経営機能を評価する手法として、経営の現場でも少なからず使われていますが、フレームワークそのものは図表に見

るようにきわめてシンプルです。従って、検討する対象範囲が広範にわたるため検討対象を現在と将来に分ける、機能分野別に細分化する、既存事業と新規事業別に分けて分析する等の工夫を加えて活用することが勧められます。

ⅱ　内部環境分析

次に内部環境要因、即ち経営資源の分析を如何にすすめていくかについて取上げ検討を加えていくこととします。

内部環境の分析は大きく分けて２つの視点に分けられます。１つは企業が事業に投入できる経営資源はどの程度かという　ａ 財務分析の視点であり、もう一つは企業がどのようなビジネス・システムを有しているかという ｂ ビジネス・システム（経営機能構造）分析の視点です。前者が定量的かつ顕在的な企業の能力分析であるのに対して、後者は定性的かつ潜在的な能力分析であるとすることが出来ます。

ａ　財務分析

財務分析は「全社経営指標分析」と「事業部門別業績分析」の２様に分けて行います。

「　全社経営指標分析　」

全社の経営指標分析は標準指標（中小企業庁、ＴＫＣなどの調査指標）との比較、同一企業内での期間比較、目標とする他社との比較などにより、良好な比率、改善を要する比率などを特定、それを生み出した原因を推定することにより検討をすすめます。

分析の種類を分類すると成長性指標分析、収益性指標分析、安全性指標分析、生産性指標分析、効率性指標分析、キャッシュフロー分析などに分けられます。それぞれの主な指標事例を示すと以下のとおりです。

なお、新規事業の場合、資金調達の問題とかかわりが深いキャッシュフ

ロー分析がとくに重要であり、説得力の高いデータとして用意しておくことが欠かせません。

- 成長性指標分析
  売上高増加率（当期売上高÷前期売上高×１００）
  経常利益増加率（当期経常利益÷前期経常利益×１００）
  自己資本増加率（当期末自己資本÷前期末自己資本×１００）など
- 収益性指標分析
  売上総利益率（総利益÷売上高×１００）
  売上高営業利益率（営業利益÷売上高×１００）
  売上高経常利益率（経常利益÷売上高×１００）
  総資本経常利益率（経常利益÷総資本×１００）など
- 安全性指標分析
  自己資本比率（自己資本÷総資本×１００）
  固定長期適合率（固定資産÷＜自己資本＋固定負債＞×１００）
  流動比率（流動資産÷流動負債×１００）
  当座比率（当座資産÷流動負債×１００）など
- 生産性指標分析
  １人当たり売上高（売上高÷従業員数）
  １人当たり経常利益（経常利益÷従業員数）
  労働分配率（総人件費÷付加価値額×１００）など
- 効率性指標分析
  総資本回転率（売上高÷総資本）
  売上債権回転率（売上高÷売上債権残高）
  棚卸資産回転率（売上高÷棚卸資産残高）
  仕入債務回転率（仕入高÷仕入債務残高）など

- キャッシュフロー（以下ＣＦ）分析
  ＣＦ分析は年間資金の増減とその要因を分析するものであり、企業のキャッシュの動きをいくつかの段階に区分して計算しその内容を明らかに

するものです。図表１－６に見るとおり営業ＣＦ、投資ＣＦ、財務ＣＦに分けて把握します。

〈 営業ＣＦ 〉

営業ＣＦは税引前当期純利益から収益と収入、費用と支出のズレを修正して計算します（間接法の場合）。この修正は２段階に分けて行います。

まず、非キャッシュ項目の修正（減価償却費、各種引当金繰入額、評価損などの加算調整）、運転資金に関わる項目の修正（売上債権、棚卸資産、仕入債務、未収収益、未払費用等の加減算調整）、および当期純利益を営業利益に修正するための調整（受取利息・配当金、支払利息、為替差損益等の加減算調整）により小計を算出します。

その上で小計の後に、利息及び配当金の受取額、利息の支払額等実際にキャッシュの流出入があった項目を加減算し、営業ＣＦの合計金額を算出します。

営業ＣＦは企業が営業活動から獲得しているキャッシュの総額であり、その額がプラスとなるということは本業での現金収支がプラスであったこと示します。

〈 投資ＣＦ 〉

次の計算式により計算します。

有価証券の取得・売却＋固定資産の取得・売却＋貸付金の実行・回収

投資ＣＦは企業が行った設備投資や有価証券投資等にかかわるキャッシュの増減の金額を示します。投資ＣＦが過大であれば大きなキャッシュの減少を招き経営を圧迫することになりますが、投資を過度に抑制すればキャッシュはプラスでも将来に向けた投資が行われておらず必ずしも良好とはいえないことになります。営業ＣＦと投資ＣＦのバランスをとることが重要です。また、営業ＣＦに投資ＣＦを加えたものをフリーキャッシュフローと称します。

第1章 経営革新と新事業開発

〈 財務ＣＦ 〉

次の計算式により計算します。

借入金による資金調達・返済＋社債の発行・償還
　　　　　　＋増資による資金調達＋配当金の支払い

財務ＣＦは営業ＣＦや投資ＣＦの不足分（または余剰分）を補うために行う資金調達・支出の増減額です。財務ＣＦの増減額と営業ＣＦ・投資ＣＦの増減額との差額は現金・現金等価物残高の増減と一致することになります。

図表1-6　営業ＣＦ・投資ＣＦ・財務ＣＦ

	金額が示すもの	記載内容
営業ＣＦ	会社が営業活動からどのくらいお金を得ているかを示す。この数値がプラスなら、本来の営業活動でお金を生み出す力があることを意味するが、マイナスになる、またはマイナスが続く場合には、本業でお金を生み出す力が弱り資金ショートを起こす可能性が高くなっていることを意味する。	・商品の販売による収入や仕入、経費の支払のための支出によるお金の増減。 ・売掛金、買掛金、受取手形、支払手形などによるお金の増減。 ・投資活動・財務活動以外の取引によるお金の増減。 ・法人税などの支払額
投資ＣＦ	会社の将来の利益獲得のためにどのくらいお金を投資、または回収したかを表している。この数値がマイナスの場合、積極的に設備投資などを行っていると判断され、またプラスの場合、資産を処分してお金を得ていることを示している。	・有形固定資産などの取得または売却によるお金の増減。 ・有価証券（現金同等物を除く）などの取得または売却によるお金の増減。 ・新たな貸付や貸付の回収などによるお金の増減。
財務ＣＦ	会社の営業活動や投資活動を行うため、どのくらい資金を調達、または返済したかを表している。この数値がプラスの場合、積極的に借入れなどを増やしていることを示している。この数値がマイナスの場合、借入金などの返済が進み財務体質が強くなっていることを意味する。	・資金の借入れ、返済などによるお金の増減。 ・増資などによるお金の増加。 ・社債の発行や償還などによるお金の増減。

出所：「中小企業の会計31問31答」

ＣＦ分析は、すべての企業がＣＦ計算書を公開しているわけではないので競合他社等との比較対照が難しい、また自社内でも事業部門別への配分が困難な項目が多いため部門別金額の把握が難しい等の問題があります。　そのため、以下のような切り口での大まかな経年変化により、トレンドを把握するにとどまる場合が多く認められます。
　　○　営業ＣＦ、投資ＣＦ、財務ＣＦ内容の経年変化
　　○　フリーキャッシュフローのプラス・マイナス状態の経年変化
　　○　キャッシュ残高の増減

「　事業部門別業績分析　」

　事業部門別、営業拠点別、顧客別等に区分し売上高、限界利益・同率、成長率、貢献利益、損益分岐点などの観点から分析・評価をすすめます。

b　ビジネス・システム（経営機能構造)分析

　企業が顧客から対価が得られるような提供価値を作り出していく仕組みのことを通常ビジネス・システム（経営機能構造）と称しています。この構造を分析することで、自社のビジネス・システム上での強みや弱み、あるいは解決すべき課題を発見することが可能になります。
　ビジネス・システムはいくつかの経営機能分野別に分解されますが、構造分析はそれらの分野別に行っていきます。その場合、既成の経営機能分野別のチェックリストを活用すると分析作業を効果的にすすめていく上で大変便利です。
　なおアメリカの経営学者であるＭ・ポーターはこういう構造分析を価値連鎖（バリューチェーン）という概念により、より系統だった理論分析を行っていますが、それについては第２章で採りあげてふれることとします。
　ここではＳＷＯＴ分析を進めていく上で、作業上大変便利であるという実務的視点からチェックリストの事例をとりあげてみるものです。
　チェックリストの事例としては、（社）中小企業診断協会編による「経営

第1章　経営革新と新事業開発

課題のチェックポイント」の一部を下段に掲載、紹介します（中小企業診断協会「実務補修テキスト」より抜粋）。

なお、同協会編「経営課題のチェックポイント」には抜粋した大・中分類項目のほか小分類以下のチェック項目まで記載されており詳細についてはそちらを参照願いたいですが、分析上の大まかな区切りについては大・中分類項目のみで十分であり、これにより分析作業を問題なく進めていけるものと思料されます。

【　中小企業診断協会編「経営課題のチェックポイント」
　　　　　　大・中分類項目（卸・小売・サービス業のケース）　】

《　大項目　》　　　　　　《　中項目　》

「　経営戦略　」	
経営トップ	経営者資質、経営者構成、後継者対策
経営倫理	ＣＳ（顧客満足）、企業統治、地球環境保全、社会性意識
経営戦略	経営ビジョン、経営環境分析、競争条件強化、新市場進出、ビジネスモデル
経営組織	組織構造、職務権限、会議・委員会
経営資源	資源・原材料・商品、機械器具設備、資金、情報、立地、人材
経営計画	計画体系、策定手続　計画スキル、差異分析、未来志向

「　販売・営業　」	
マーケット	マーケットの実態、マーケット把握手段
販売方針	理念・方針との整合、戦略性、一体性
販売計画	販売計画、他経営計画との関連、プロセス、目標達成ルール、経営資源との整合、達成の評価、データの整備
ターゲット	ターゲット、ターゲット戦略
得意先管理	得意先管理

「 販売・営業 」	
販売組織	販売組織、適合組織、組織内容
販売員活動	活動内容、販売ツール、能力開発・教育訓練、成績評価、情報整備
製品・サービス	ニーズとの合致、特性把握、ライフスタイル、製品ミックス
価格	設定方針、競争力
販売チャネル	チャネルの選択、チャネルの評価
販売促進	広告・宣伝方針、広告宣伝の具体的手段、店舗・ショールームの演出、広告・宣伝の評価
アフターサービス	内容
ロジスティックス	物流コスト、物流サービス強化、物流管理への取り組み、保管、配送

「 財務・会計 」	
会計制度・処理	会計制度、会計処理、会計システム
利益管理	利益管理、収益性、生産性
財務構造	資本構成、資産構成、安全性
資金の調達と運用	資金調達、資金・資本の運用、資金管理
利益計画	損益分岐点分析、利益計画、予算制度
設備投資	設備投資計画、利益計画、資金計画

「 人事・労務 」	
人事・労務方針	人事労務方針、戦略性
人事・労務組織	人事・労務組織
採用	人材確保計画、採用計画、選考方法、採用手続き、受入教育、個別採用
就業関係	就業管理、服務規律、表彰、苦情相談、その他労働条件
労使関係	労使関係
昇進・異動	昇進・異動基準、業務ローテーション、出向
退職	定年、退職金、退職準備、採用調整

「　人事・労務　」	
給与	種類と体系、給与水準、給与規定、人事考課との関連、賞与、給与計算
人事考課	人事考課制度、考課内容、考課者訓練
コミュニケーション	仕事上のコミュニケーション、モラール向上
目標管理	目標管理
能力開発	能力開発計画
福利厚生	社会保険、厚生方策、健康診断、職場環境
安全衛生	管理体制、安全衛生教育、安全策

「　情報　」	
情報施策	経営者意識、目的と方針、組織、投資と経済性、情報化教育
情報システム	システム化、現行システム、適用業務、業務プロセス、データの活用、情報システムの運用
次期システム	基本政策、システム検討

「　国際化・環境　」	
国際化戦略	海外進出体制、進出目的、進出現地の安定性、現地パートナー、資金調達運用、外国人の受け入れ
海外取引	輸出入
ＰＬ対策	製造物責任法
環境保全	公害防止、環境保護

「　仕入・商品　」	
仕入基本方針	仕入戦略
仕入管理システム	仕入計画、仕入予算、仕入組織、
仕入業務	仕入契約、仕入実施、
商品政策	商品コンセプト
商品構成	商品分類、基幹商品、商品担当部門
商品開発	新規商品、独自商品

「 仕入・商品 」	
商品管理	管理組織、在庫統制、仕入情報収集
サービス技術	技術提供、技術競争、特殊技能、オリジナリティ、プレゼンテーション、サービスシステム

「 店舗施設 」	
店舗政策	経営方針と店舗機能、投資・改装計画と採算性
販売機能	レイアウト、宣伝訴求機能、展示陳列機能、店舗什器、補助機能
後方機能	管理機能、生活・防災機能、駐車機能、倉庫施設

「 物流 」	
基本政策	物流管理、物流計画、物流組織、リテイルサポート
物流管理	生産性管理、運搬管理、商品管理、流通加工、環境対策

ⅲ 外部環境分析

　外部環境分析ではマクロ環境とミクロ環境の両方の視点から評価します。
　マクロ環境評価では、最もマクロな視点から分析する手続きであるＰＥＳＴ分析が代表的アプローチとして挙げられます。
　ＰＥＳＴ分析とは政治（Ｐｏｌｉｔｉｃｓ）、経済（Ｅｃｏｎｏｍｙ）、社会（Ｓｏｃｉｅｔｙ）、技術（Ｔｅｃｈｎｏｌｏｇｙ）等、個別企業では直接コントロールできないが企業活動に大きな影響を与える要素について分析するアプローチです。これら分析については単に表層的な項目を羅列するのではなく、各要素がなぜ、どのように自社に影響を与えるのかを具体的に見極め、機会と脅威を明らかにしていくことが重要です。
　一方、ミクロの環境評価では市場環境および競合環境の２つの観点から分

析をすすめます。

　市場環境分析はさらに、市場規模、成長性、収益性、製品需給、価格動向等の市場動向要因と原材料供給、生産技術、販売チャネル、物流システム等の市場構造要因の２つの側面からリサーチします。他方の競合環境分析は競合他社動向の調査が中心となりますが、対象とする企業の売上高推移、シェア、財務指標などを採りあげ分析します。

　その他、ミクロ環境分析についてはＭ・ポーターが提唱したファイブフォース分析がよく知られており、利用されています。

　ポーターは業界そのものの収益性に影響を与える要素として「業界内競合」「新規参入の脅威」「代替製品・サービスの脅威」「買い手の交渉力」「売り手の交渉力」の５つの要素を挙げて論じています。これらの要素が自社の収益力にどのような影響を与えるかを分析することにより、自社を取り巻く機会と脅威を明らかにしようとするものです。

　ファイブフォース分析は、ＳＷＯＴ分析による外部環境評価の補完としてよく活用されています。即ち、ＳＷＯＴ分析は機会と脅威を大きなマトリックスに分けて分析するため深く分析せずに終わってしまう欠点がありますが、ファイブフォース分析は業界内の競合関係に焦点を絞って分析するものであるため、その欠点をカバーし漏れのない分析が出来るためであると考えられます。

　なお、ポーターが挙げる５つの要素の内訳等、ファイブフォース分析の内容については第２章で再度採りあげその概略を質すこととします。

④　３Ｃ分析

　企業の内部環境と外部環境を把握し検証するツールの一つとして、ＳＷＯＴ分析の他３Ｃ分析という手法があります。

　これは自社を取り巻く環境を「顧客（Ｃｕｓｔｏｍｅｒ）」「競合（Ｃｏｍｐｅｔｉｔｏｒ）」「自社（Ｃｏｍｐａｎｙ）」の３つの角度に分類して分析するものです。

図表 1-7　3C分析

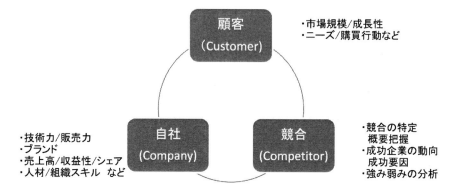

　「顧客（Ｃｕｓｔｏｍｅｒ）」ではターゲットの顧客層を明らかにするとともに、設定した顧客層の購買決定要因や意思決定プロセスなどを分析します。具体的には顧客を性別や年齢、地域といったデモグラフィック、高級志向や健康志向といったテイスト等の要素区分により分析をすすめます。

　「競合（Ｃｏｍｐｅｔｉｔｏｒ）」では市場シェアやコスト構造等の概要を把握したうえで自社にとっての競合企業を特定し、その特徴を分析します。また市場における成功企業の動向や成功要因を探索し分析上の参考とします。

　また「顧客」と「競合」の２つの視点の分析から市場におけるＫＦＳ（次項参照）を導き出します。

　一方「自社（Ｃｏｍｐａｎｙ）」では、自社の内部環境を分析します。自社の強み・弱みを分析し、ＫＦＳと自社の強みとの整合性やＫＦＳとのギャップを把握することにより自社の取るべき打ち手の方向性を検討します。実際には組織構造、ブランド、財務力、人材力、研究開発力、マーケティング力、営業力、製造力、購買力などの機能要素別に分析をすすめることになります。

　以上のうち「顧客」「競合」分析が、ＳＷＯＴ分析における外部環境分析にあたり、「自社」分析が内部環境分析にあたることになります。

　その他、分析要素として「流通経路（Ｃｈａｎｎｅｌ）」を加え４Ｃ分析、

第1章　経営革新と新事業開発

さらに「協力企業（Co－operator）」を加えて5Ｃ分析として分析する場合もあります。前者は流通経路や販売店などを後者では材料や部品、業務発注先などを追加して分析をすすめます。

　しかし、分析の主たる目的はその市場におけるＫＦＳを抽出することにあります。４Ｃ分析、５Ｃ分析についても、分析の視点があらたに加わるだけで同様であり、市場の構造をどのような切り口から整理しＫＦＳを抽出するかという目的そのものは変わりません。

⑤　ＫＦＳの特定と経営課題の抽出

　ＫＦＳ（Key Factor for Success）とは成功をもたらすカギとなる要因、即ち、自社が業界で競争に打ち勝っていく上で必要とされるスキルや資産のことであり、業界ごとにその内容は異なります。
　前項３Ｃ分析のところで確認した通り、ＫＦＳは顧客や競合、流通経路、協力企業の状況などその業界の現在または将来の事業特性を分析・把握し、それらを単独または組み合わせることにより抽出します。
　他方で企業の内部環境を分析することにより、展開しようとしている事業は自社にとって強みが生かせる分野であるのか、自社に不足している経営資源は何かを明確にし、ＫＦＳと自社の強みとの整合性やギャップを明らかにします。
　現在の市場環境と将来の変化、市場動向を把握することでＫＦＳを明確にし、ＫＦＳと現実の企業の内部環境とのギャップを知ることにより企業のあるべき姿をイメージし、経営課題を抽出する。そのうえで経営課題の解決に向けて戦略を展開していくことが競争環境を生き抜いていくための絶対条件となるということです。

⑥　事業計画（ビジネス・プラン）の構想

　事業計画（ビジネス・プラン）とは、これから始めようとする事業に関し基本的なアウトラインを体系的に示すものであり、通常以下のような項目が

盛り込まれます（より詳細については第4章であらためて取り上げることとします）

「　事業概要　」
「　経営理念、ビジョン・事業目標　」
「　製品・サービス、市場・顧客　」
「　ビジネス・モデル、事業戦略　」
「　マーケティング戦略、オペレーション、研究開発　」
「　経営者・経営組織　」
「　財務状況および予測　」

　ビジネス・プランは常に変更を加えるべき性質のものでありとくに新事業の場合、市場・商品・経営状況は刻々と変化しますから盛り込む内容もそれに合わせて変化させなければなりません。ビジネス・プランの作成プロセスは常に進行中ともいえ、容易に変更を加えられる形式にしておくことが肝要です。
　したがって、新事業開発のスタートアップ段階におけるビジネス・プランの作成は、いわば新事業開発の大まかな構想図であり、事業計画作成の第一段階に位置するものともいえます。より詳細な計画内容については実地でのビジネス展開の方向性や基本戦略をより明確にした上で作成することとなります。それについては後段の第4章であらためて取り上げることとします。

第2章
成長／拡大段階における基本戦略

1　成長段階における基本戦略

（1）　戦略展開にかかわる理論・手法

　前章では「経営革新と新事業開発」というテーマにより経営革新の基本理念を質し、新規事業の開発・展開段階にかかわる諸課題をとりあげて検討を加えてきました。
　本項ではそれを受けて、経営革新企業一般の成長段階における基本戦略のあり方について、関連する経営理論・手法を参照しながら戦略展開のプロセスに沿い検討を続けていくこととします。
　なおここで言う経営革新企業一般とは新事業開発に一応の区切りがつき、企業としてのスタートアップ段階から成長段階に移りつつある経営革新企業をイメージしてとらえています。

（2）　競争優位の確立

　成長段階にある企業にとって最も重要なことは、いかにして競合他社に対する持続的競争優位を築き上げることができるか、にあります。
　持続的競争優位の確立を目指す経営戦略の策定については、大別して2つのアプローチがあげられます。
　企業を取り巻く外部環境（業界構造）における企業の位置づけに競争優位の源泉を見出すポジショニング・アプローチと競争優位の源泉を企業が保有する資源に見出す資源ベースの視点（リソース・ベースト・ビュー）からのアプローチの二つです。

① 　ポジショニング・アプローチ

　ポジショニング・アプローチの立場をとる経営学者の中でもっとも著名なのはM・ポーター（ハーバード大学ビジネススクール教授）ですが、その所説のうち次のⅰ～ⅲは我が国でもよく周知されている理論です。以下それぞれにつ

いてその概略を質していくこととします。

i　ファイブフォース分析

　ポーターは業界構造に影響を与えるものとして「業界内競合」、「新規参入の脅威」、「代替品の脅威」、「買い手の交渉力」、「売り手の交渉力」の５つの要素をあげています。
　すなわち、業界構造は以上の５つの要素により形作られる世界であるととらえ、その中で競争に勝ち抜いていくためには競合他社よりは、より有利なポジションを占めていく必要があるとしています。市場における戦略的ポジションの選択が、戦略展開上最も重要である点を強調するものであり、戦略を他社との力関係、すなわち「いかにして有利なポジションを占めるか」という視点でとらえるこの分析枠組みは、広く引用され活用されるものとなっています。

図表 2-1　５つの競争要因（ファイブ・フォース）

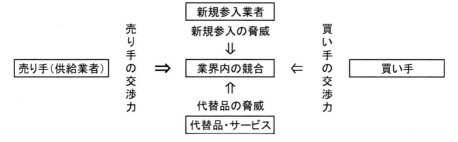

出所:「競争の戦略」M・ポーター（ダイヤモンド社）

　５つの要素の分析要領はおおよそ次のとおりです。
・　業界内競合
　同業者数の多寡、業界の成長状況、固定費や在庫状況、撤退障壁、差別化の困難度合等により業界内の競争状況を分析します。
　一般に同業者数が多く、市場が成長期ないし成熟期にある場合は業界内の

競争は激しくなります。製造固定費が高い場合1単位あたりの固定費を下げたいため、製造能力一杯まで製造してしまうので結果的に値下げ競争が起こりやすくなります。

- 新規参入の脅威

市場への新規参入企業の脅威を分析します。

これはその業界への参入障壁の大きさを検証することでもあり、規模の経済性、製品差別化の程度、必要投資額、流通チャネルの確保、政府政策の制限などを分析することにより脅威の程度を推定します。

- 代替品の脅威

代替製品に関する脅威も事前に分析しておくことが重要です。

高収益業界生産による代替品、価格に対する性能の割合の高い代替品の動向には特に注意を払う必要があります。

- 買い手の交渉力

買い手とは顧客のことであり、ここでは顧客の交渉力を分析することがポイントとなります。

顧客のコストに占める割合、取引先を変更するためのコスト、持っている情報の程度等を分析します。顧客が少数の有力企業に絞られると強力な値引き圧力をかけられる可能性が高まります。

- 売り手の交渉力

売り手とは供給業者のことであり、供給業界の集約度、川下統合に乗り出す可能性、売り手にとっての買い手の重要性等を分析します。

供給業者が少数になって選択肢が限られると、購入企業は相対的に割高な価格を受け入れざるをえなくなります。

ⅱ　3つの基本戦略

ポーターは次いで、企業が競争優位を築くための基本戦略としては「コストリーダーシップ戦略」「差別化戦略」「集中戦略」の三つが挙げられるとしています。

第2章　成長／拡大段階における基本戦略

　企業はこの3つの戦略について、まずコストリーダーシップをとるか差別化をとるのか、次いで市場を幅広くとるのか狭くとるのかの二つの軸により整理し選択していかねばならないと説いています。

図表2-2　3つの基本戦略

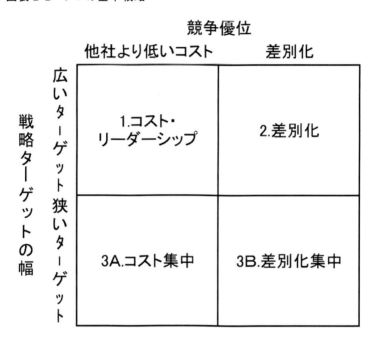

出所：「競争の戦略」M・ポーター（ダイヤモンド社）

　このうちコストリーダーシップ戦略とは競合企業よりも低価格の値付けで競争に挑む戦略であり、戦略の源泉は徹底した低コスト体質の実現にあるとする考え方です。
　実現のための打ち手としては規模の経済（生産量の増加により製品単位当たりのコストを下げ、効率を上げることを狙う）の実現、経験曲線効果（製品の累積生産量が大きくなるほど経験による学習効果、製造方法改善効果、製品設計・購買の見直し効果等が生まれるので、その製品にかかる単位当たりのコス

トが一定の割合で低下するという経験則)の活用、仕入れ価格やオペレーションコストの削減対策等が挙げられます。

　これらの対策をうまく軌道に乗せることで、企業は「業界内の競合」に対しては低コストにより平均以上の利益を確保できる、「新規参入の脅威」に対しては規模の経済を中心にした参入障壁を築くことができる、「代替品の脅威」に対しても同業者より有利な立場を確保できる、「買い手の交渉力」「売り手の交渉力」に対しては買い手の値引き要求や、売り手の値上げ要求に対しても柔軟に対応できる等により競争優位を確保していくことができるようになります。

　一方「差別化戦略」とは買い手が重要視している機能や性能についてライバル企業より良い製品を実現して、そのことを買い手に知ってもらう戦略のことです。差別化を実現するための戦略としては次のようなバリエーションがあります。

- 製品設計の差別化
- ブランド・イメージの差別化
- テクノロジーの差別化
- 製品特徴の差別化
- 顧客サービスの差別化
- ネットワーク(流通)の差別化

　また同時に、差別化戦略はコストを無視して成り立つものではない、ということもよく理解しておくべき点です。差別化戦略でも低コスト化の努力は必要であり、第一の戦略目標が低コスト化ではなく差別化であるということがその意味するところなのです。

　次いでポーターは市場を幅広くとるのか狭くとるのかを考える必要があるといいます。

　市場を広くとるというのは、例えば化粧品市場の場合でいうと分けようと思えば分けられるが、敢えて大くくりにして「化粧品市場」と定義する場合をいいます。市場対応としては上述した「コストリーダーシプ戦略」と「差別化戦略」がありますが、どちらかといえば大企業向きの戦略です。

一方市場を狭くとるというのは「20歳代女性用」「30歳代男性用」のように ターゲットを細かく分類して対応することを指しています。市場全体を攻めるのではなく、その中の一つもしくは少数のセグメントに対して集中的に商品を投入する戦略であり「集中戦略」と称しています。

集中戦略にも「コストダウン」に焦点を当てたものと「差別化」に焦点を当てたものとがあり、前者を「コスト集中戦略」後者を「差別化集中戦略」と呼んでいます。どちらかといえば中小企業向きの戦略です。

集中戦略に成功すると業界の平均を上回る収益が得られる可能性が高くなります。また低コスト化、差別化により業界内のファイブフォースに対しても強い姿勢で臨んでいける強い体質が実現できることが期待されます。

ⅲ 価値連鎖（バリューチェーン）

以上で高い収益性実現のためには、ファイブフォース分析により業界構造を分析し、コストリーダーシップ、差別化、集中の各基本戦略を的確に選択、対応させることでより競争優位の高い市場ポジションが確保可能であることについて見てきました。

この点をより確実なものにしていくためには、選択した基本戦略の遂行にとって、事業活動をより整合的なものにしていく必要があります。バリューチェーンとはそのためのフレームワークを提供するものであり、ファイブフォース分析、三つの基本戦略同様、ポーターにより考案された分析手法です。

事業活動を機能ごとに分解し、どの部分（機能）で付加価値が生み出されているか、どの部分に強み、弱みがあるかを分析し、事業活動の有効性や方向性を探ろうとするものです。

図表2－3のような機能構成図により事業活動全体の分析を進めます。

すなわち、企業の価値連鎖を主活動と支援活動に区分します。主活動は製品やサービスを顧客に提供することに直接関与する活動です。具体的には購買物流、製造、出荷物流、販売・マーケティング、サービスなどがあります。支援活動は製品やサービスを提供する活動には直接関与しないものの、主活動を遂行していくためには不可欠となる活動です。具体的には全般管理、人事・労務

管理、技術開発、調達活動などがあります。こうした一連の活動の結果としてマージン（利ザヤ）が生み出されます。

図表2-3　企業のバリューチェーンの基本形

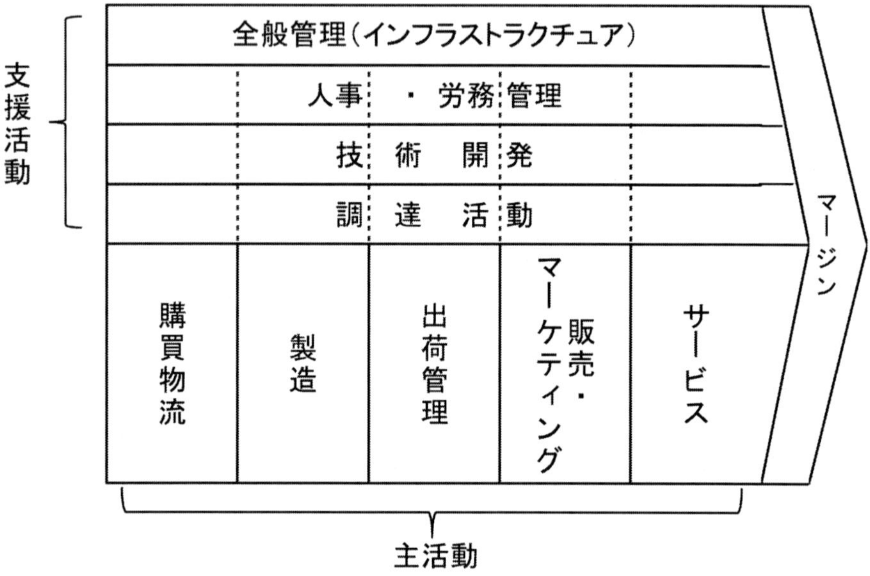

支援活動	全般管理（インフラストラクチュア）					マージン
	人事・労務管理					
	技術開発					
	調達活動					
	購買物流	製造	出荷管理	販売・マーケティング	サービス	
	主活動					

出所：「競争優位の戦略」M・ポーター（ダイヤモンド社）

　ここで重要なのは活動分類の厳密性ではなく、企業の多彩な活動に着目して、それらの役割、かかるコスト、全体としての事業戦略への貢献度を明らかにすることです。

　バリューチェーンはまた、企業が低コスト競争をしようとするとき、あるいは差別化で競争しようとするとき、その手段を検討する際にも利用されます。たとえば、コスト競争を志向の場合、どの部分でコスト削減が可能かを検討し実現していく、あるいは、差別化を志向するならばどの付加価値活動でいかなる価値を提供できるかを検討するという形で利用します。

　バリューチェーンはさらに、業務の一部を外部委託する場合の分析手法とし

ても使われます。

例えば業務の流れの一部にボトルネックがある場合、他の部分がいくら優れていても、最終的な企業の能力は最も弱い部分とおなじ大きさになってしまいます。こうした場合、自社内で能力増強をはかるよりも、当該部分を外部委託する方が全体としての能力レベルは向上するといったケースが考えられます。また、こうした量的補完を目的としたものだけではなく、他社から購入した方がより高性能であったり低価格であったりする場合に、質的補完の為に外部委託するケースも考えられます。

いずれのケースの場合も、バリューチェーンを活用することによりどの部分を外部委託する方がより妥当であるかをより合理的に判断することができるようになるということです。

なおバリューチェーンは対象業界の特性に合った要素に分解して分析を進めることが現実的であるので、ポーターの示したますのくくりに固定的に縛られる必要はありません。

例えば経営コンサルタントの佐久間陽一郎氏の示す中小企業のバリューチェーンは主活動のみで描かれています。これは対象が中小企業ということもあって、間接業務の効率化を検討しても、たいした競争優位要因とはならないという判断に基づくものと考えられます。

図表 2-4　製造業の価値連鎖

② リソース・ベースト・ビュー(資源ベースの視点)

ⅰ　コア・コンピタンス分析

　コア・コンピタンスとは中心的企業能力を指し示すものであり、ケイパビリティとかコア・スキルとも称されています。
　G・ハメル(ロンドンビジネススクール教授)とC・K・プラハラード(ミシガン大学教授)は１９９４年その共著「コア・コンピタンス経営」(日経文庫)においてコア・コンピタンスによる経営の考え方を提唱しました。
　それによれば、事業規模を縮小するリストラやプロセスの見直しによる継続的な改善を目指すリエンジニアリングでは企業の未来はなく、コア・コンピタンスに注目して生まれ変わることの重要性について説いています。
　また、コア・コンピタンスとは顧客に特定の利益をもたらす一連のスキルや技術であるとし、コア・コンピタンスであるための要件は顧客価値(顧客利益に重要な貢献をしている)、競合他社との違い(競合他社が模倣困難)、企業力の広がり(さまざまな市場へアクセスする可能性)であるとしています。
　換言すれば長期にわたる改善や強化を経て構築される組織能力ともいえるものであり、幅広い製品やサービス全体、事業全体の競争力を高める源泉となるものとすることができます。
　このように自社の競争力の源泉となる内部経営資源を見つめなおし、企業の生き残りのために何が本当の強みと言えるものなのかを明らかにしていこうとする考え方こそ、前述したポジショニング・アプローチに対してリソース・ベースト・ビュー(資源ベースの視点)によるアプローチであるということです。

ⅱ　VRIOフレームワーク

　リソース・ベースト・ビューが「組織能力」あるいは「コア・コンピタンス」等、競争力の源泉となる経営資源を企業内部に見出していこうとする考え方である点は以上で確認したとおりですが、それでは、そうした競争力の源泉はど

のようにすれば明らかにすることができるのであろうか。

J・B・バーニー（オハイオ州立大学教授）はその著「企業戦略論」（ダイヤモンド社）の中で、企業の内部資源が持続的な競争優位の源泉となるための条件として、VRIO、すなわち「経済的価値（Value）」、「稀少性（Rarity）」、「模倣困難性（Inimitability）」、「組織（Organization）」の4を挙げています。それぞれの定義は以下のとおりです。

・　経済的価値（Value）
　その企業が保有する経営資源が経済的価値があるかどうかは、その資源が外部環境における機会をうまくとらえることができるかどうか、若しくは外部環境における脅威を無力化できるかどうかにかかっている。
　できるのであれば経済的価値となるが、もしできないのであればそれは経済的価値とは言えない。
・　稀少性（Rarity）
　経済的価値があってもその経営資源が多くの競合企業により保有されていれば、その経営資源は競争均衡の源泉とはなりえても競争優位の源泉とはなりえない。
・　模倣困難性（Inimitability）
　経済的価値があり稀少性があっても、その経営資源が競合他社によって容易に模倣されるものであれば競争均衡をもたらすのみである。
　価値が高く、稀少性があり、模倣困難な経営資源であって初めて持続的な競争優位をもたらす要因となる。
・　組織（Organization）
　企業の競争優位はその企業の保有する経営資源の経済的価値、稀少性、そして模倣困難性に依存している。しかし競争優位を真に実現するには、その企業がそれらの経営資源を十分に活用できるように組織されていなければならない。

　以上により、価値（V）、稀少性（R）、模倣困難性（I）、組織（O）にかかわる問いかけと経営資源の活用によって得られる競争優位の度合い、経済的

なパフォーマンスの関係をまとめると、以下のようなフレームワークとして示すことができます。

図表 2-5　ＶＲＩＯフレームワーク

その経営資源やケイパビリティは

価値があるか	希少か	模倣コストは大きいか
No	-	-
Yes	No	-
Yes	Yes	No
Yes	Yes	Yes

組織体制は適切か	競争優位の意味合い	経済的なパフォーマンス
No	競争劣位	標準を下回る
↑	競争均衡	標準
↓	一時的競争優位	標準を上回る
Yes	持続的競争優位	標準を上回る

出所:「企業戦略論」J・バーニー(ダイヤモンド社)

ⅲ　模倣を困難にする条件

　バーニーによれば、以上４つの条件のうち競争優位の持続可能性をもたらす最も重要な要因は模倣困難性であるとし、さらに模倣を困難にする条件としてはさまざまな理由があげられるが、最も重要な理由は以下の「独自の歴史的条件」、「因果関係不明性」、「社会的複雑性」、「特許」の４つであるとしています。

・　独自の歴史的条件

　独自の歴史により形成された経営資源が、その企業に競争優位をもたらしている場合、そういう経営資源は表面的に模倣・導入しても同じ効果は引き出せない。

　独自の歴史により企業が競争優位を得るには2つの道筋がある。1つは特定の機会を他に先行してとらえることであり、もう1つは経路依存性によるものである（特定の経営資源の将来における最大価値がどの程度のものか判然としない段階で、最大価値よりも低いコストでそれを獲得したり開発したりすること）。

・　因果関係不明性

　模倣しようとする企業にとって模倣対象の企業が保有する経営資源とその企業の競争優位との関係がよく理解できない場合がある。

　因果関係が不明なため模倣しようにも何を模倣してよいかよくわからないケースである。

・　社会的複雑性

　競争優位が社会的に複雑な現象に依拠している場合、他企業がこうした経営資源を模倣できる可能性は厳しく制約を受ける。

　社会的複雑性を持った経営資源には様々なものがある。たとえば企業内におけるマネジャーたちの相互コミュニケーション能力、企業文化、サプライヤーや顧客との間での自社の評判などである。

・　特許

　特許によって競合企業がある企業の製品を模倣する際のコストは非常に大きなものとなる。このようにして特許はその保護期間中、出願企業に大きな競争優位をもたらすこととなる。

② 　二つの基本戦略の補完性について

ⅰ　バリューチェーンとＶＲＩＯフレームワークの組み合わせ

　以上みてきたように外部環境を重視した基本戦略（ポジショニング・アプ

ローチ）と経営資源を重視した基本戦略（リソース・ベースト・ビュー）は経営をとらえる視点が相反するもののようにも解釈されるが、実務的にはむしろ対立するよりは補完しあうものであると受け止めたほうが有益です。

　実際に自社の強みを判断しようとしたとき、バーニーの提唱したＶＲＩＯフレームワークをポーターの提唱したバリューチェーンのフレームワークと組み合わせて使うことで効果的な分析が行えることが想定できます。

　バリューチェーンの基本形全体が一つの会社という組織であると見做した場合、主活動・支援活動の各機能はそれぞれ一つの部門として相互に連携・協力しあいながら、より良い経済パフォーマンスを生み出すよう努めていると見做すことができます。

図表 2-6

バリューチェーンとVRIOのマトリクス

企業の機能	特徴的な経営資源	価値	希少性	模倣困難性	組織体制
購買物流					
製造					
出荷物流					
販売					
マーケティング					
アフターサービス					
調達					
技術開発					
人事・労務管理					
全体システム					

出所：「いま経営戦略を読みなおす」橋本豊（実務教育出版）

　ところでこれらの各機能それぞれには、その企業独自のノウハウや情報を含めた経営資源があるはずであり、それをＶＲＩＯフレームワークで分析してみるとどうなるか。

　すぐに図表２－６のようなマトリクスがイメージされるはずです。

第2章　成長／拡大段階における基本戦略

　これにより各機能別のどこに強みとなる経営資源があり、あるいは、どこでそれが不足しているのかが判然と示されることになります。まさに、二つの理論を対立するよりも補完しあう形で活用することで、有益な結果が得られることを端的に示すものとして受け止められます。

ⅱ　経営革新創出の基盤的能力

　地域の中堅・中小企業問題に詳しい西岡正氏（兵庫県立大学教授）は、企業の持続的競争優位の確立を目指す戦略の策定にあたっては、ポジショニング・アプローチと資源ベースの視点からのアプローチが考えられるとした上で、「二つの立場は正反対からのアプローチではあるが、競争優位の構築に際しては相反するものではない。」
　「業界構造の分析においては保有する資源は無視できないし、資源を認識・評価するにあたっても業界構造を無視することはできない。いずれかにこだわらず双方の視点を併せて取り入れることが望ましい。」と説いています。（「中小企業のイノベーションと新事業創出」同友館）
　さらに、こうした競争優位の確立を目指す戦略においてイノベーションはどのように位置づけられるのであろうかと自問。
　「企業を取り巻く環境は絶えず変化する。ポジショニング・アプローチにせよ資源ベースの視点にせよ、持続的競争優位を確立するためには、こうした環境変化を認識し適応することで、新たな顧客価値を実現し続けなければならない。」
　「動的な環境変化への対応力が、企業にとっての本質的な強みであり持続的競争優位をもたらす。こうした対応力こそが広義のイノベーションであるとすることができる。どんなに革新的で画期的な狭義のイノベーションを実現してもやがては陳腐化していくため、広義のイノベーションを不断のサイクルとして回し続けることが大切である。」と続けています。
　こうした観点から西岡氏は広義のイノベーションの創出にあたっては、組織内部に「　外部環境の変化をとらえる能力（認知能力）」、「　保有する資源を把握する力（把握能力）」、「　保有する資源と外部環境を相互に調整して適応させ

る力（調整能力）」、「 保有する資源を蓄積・強化する力（学習能力）」の４つの能力を構築することが必要であるとしています。以上の４つの能力それぞれについて、筆者（論文引用者）の感想をまじえて西岡氏の主張の趣旨をまとめると次のように概括されます。

・ 外部環境の認知能力
　ポジショニング・アプローチが唱えるとおりこの認知能力は戦略策定上いうまでもなく重要。
　静的な状況だけではなく、変化の方向、動きの段階を正確に認知することがとりわけ大切であり、外部の環境変化を競合他社に遅れることなく、さりとて、早すぎることもなくタイミングよくとらえてアクションを起こすことが決定的に重要である。
・ 資源の把握能力
　リソース・ベースト・ビューが示すとおり、市場では簡単に調達することができない独自資源（固有資源）を把握することがとりわけ重要である。
　いくら素晴らしいビジネスチャンスを見つけても、事業に必要な資源や能力が把握・活用されていなければ「宝の持ち腐れ」となってしまう。
　また資源制約の大きな中小企業にとっては、個々の組み合わせによる価値の把握が不可欠である。
　但し、企業内部のことに気をとられ過ぎると、外部のことを忘れてしまいがちになる点は問題。経営資源の評価は要するに自己評価であるから、かなり意識的に外部を見るということをやらないと独りよがりの評価になってしまう危険がある。
・ 資源と外部環境の調整能力
　外部環境と保有する資源は独立して存在しているのではなく、相互に作用することで顧客価値提供機能を発揮する。
　顧客のニーズを満たす方法は一通りではない。企業は外部環境に合うよう資源を調整しながら、資源投入により外部環境を変化させることで顧客価値の実現に注力する必要がある。

第2章 成長／拡大段階における基本戦略

- 資源の蓄積・強化をすすめる学習能力

　いかなる資源であっても陳腐化リスクはあり、資源を強化あるいは新たな価値ある資源を形成するためには組織内部に学習能力が求められる。学習成果を組織に転換するプロセスの確立が必要である。

　以上の4つの能力は個別に存在するのではなく、組み合わせて相互補完的に機能させることで総合的能力を発揮できるものであることは言うまでもありません。
　したがって、持続的競争優位の確立を目指す中小企業にとっては、いかにしてこれら4つの能力を強化・制御し経営革新の持続的創出・実行を図っていくかが最も重要な戦略課題となると結論されることとなります。

(3) マーケティング戦略

　本章ではこれまでのところ、成長段階にある事業の基本戦略について競争優位の確立にかかわる諸テーマを挙げ検討を加えてきました。
　ここではさらに、同じく競争優位の確立にかかわるテーマの一つであるマーケティング戦略について取り上げ検討を続けることとします。
　本章は本書の全体構成の中で事業戦略について取り上げ検討を加える位置づけを持つものですが、なぜ事業戦略ではないマーケティング戦略について取り上げるのかについては、それが事業戦略の展開により密接にかかわりを持つものであるからです。
　前章2（2）項では戦略展開の前提としての経営課題抽出について、3C分析の考え方を取り上げ内容を質してきました。
　そこでは、自社を取り巻く環境を顧客（Ｃｕｓｔｏｍｅｒ）、競合（Ｃｏｍｐｅｔｉｔｏｒ）、自社（Ｃｏｍｐａｎｙ）の3つのCの角度から分析をすすめることが重要であるということでした。
　この場合、競合（Ｃｏｍｐｅｔｉｔｏｒ）については本章1（2）項「競争優位の確立」のところでポジショニング・アプローチの角度から分析を加えて

きました。また、自社（Ｃｏｍｐａｎｙ）についてはリソース・ベースト・ビューの観点から分析してきたところです。

　顧客（Ｃｕｏｓｔｏｍｅｒ）についてはどうか。

　マーケティングこそ顧客について真正面から採りあげる機能分野であるとすることができます。他の機能分野は生産であれ、調達であれ、人事であれ顧客を念頭に置いてはいるが、直接的には別の事柄について考える機能分野です。

　したがって、マーケティング戦略の観点を抜きにしては、事業戦略展開の前提としての３Ｃ分析は成り立たないし、それだけマーケティング戦略が事業戦略にかかわりの深いテーマであるとすることができるということになります。

① マーケティング戦略の展開

　マーケティング戦略の展開については、まずⅰ節で戦略展開の基本プロセスについて確認します。次いでⅱ節及びⅲ節で、そのうちのＳＴＰマーケティング及びマーケティング・ミックスについてその概略内容を質していくこととします。

ⅰ　マーケティングの基本プロセス

　マーケティングには基本となる４つのプロセスがあります。このプロセスは以下のとおりです。
　　調査　⇒　　ＳＴＰマーケティング　⇒　　マーケティング・ミックス　⇒　実行・評価

ⅱ　ＳＴＰマーケティング

　ＳＴＰマーケティングとは、マーケティングの最初の段階であるマクロ、ミクロの環境調査・分析に基づき戦略展開の大きな方向性を決めていく作業プロセスのことを称しています。

　具体的にはセグメンテーション（Ｓｅｇｍｅｎｔａｔｉｏｎ/市場細分化）、

第2章　成長／拡大段階における基本戦略

ターゲティング（Targeting/標的市場の決定）、ポジショニング（Positioning/提供価値の位置づけ）の3つのプロセスがあります。

なお、STPとはそれぞれの呼称のイニシャルからとったものであり、各プロセスの定義と取り組み内容はおおよそ以下のとおりです。

・　セグメンテーション（市場細分化）

　市場の中で同じような欲求や行動パターンを持つ集団をグループ化することを言います。市場が成熟化する中で顧客ニーズは多様化してきており、かつてのようなマスマーケティング手法により一律的に市場にアプローチすることは実態に適合しません。顧客をグループ化することで、彼らに対して嗜好の合う製品を開発し提供することが重要となります。

・　ターゲティング（標的市場の決定）

　セグメンテーションした市場から自社にとって適合性の高いセグメントを選び出し、これを標的として市場アプローチすることをターゲティングといいます。

　ターゲットとするセグメントの選択については、自社の経営目標をカバーできる市場か、競争優位性を発揮できるか等、自社の経営目標や経営資源の大きさ、特質などを十分勘案し的確に判断することが求められます。

　また一つのセグメントで徹底的に市場優位を得るのか、あるいは複数のセグメントを選択するのかについての判断の問題もあります。

・　ポジショニング（提供価値の位置づけ）

　ポジショニングとは、ターゲット顧客から見てその企業独自の価値をもとに差別化を認知させる活動といえます。

　差別化を明確化させるためには、他社にない差別的優位性を見出しそれらの違いのポイントを浸透させる必要があります。

　差別化を図るためのポイントとしては製品、サービス、スタッフ、チャネル、イメージ等が挙げられます。

　また、差別化を明確化するための手法の1つにポジショニング・マップがあ

ります。どこで差別化を行うかにかかわる要素を2つ以上挙げ、その要素をマトリックス上の縦軸と横軸に設定、競合先にたいして自社がどの位置づけで差別化を図っていくのかを明確にする手法です。

　中小企業が効果的なマーケティングを行うためには、「顧客にいかに売り込むのか」という売り手の発想ではなく「いかに買いたいと思ってもらうか」という買い手の視点を持つことが不可欠です。
　すなわち、「顧客が買いたくなる仕組みを作ること」がマーケティングの目的であり、そのためには顧客が買っているのは商品ではなく商品がもたらす価値であるということを理解することが何よりも大切です。
　その意味では、顧客に差別化を認知させることがいかに重要であるかということを十分認識しておきたいところです。

　ⅲ　マーケティング・ミックス

　マーケティング調査の結果をふまえＳＴＰマーケティングのプロセスを経ることで、マーケティング戦略策定の全体像はほぼ明確に浮かび上がってきます。その上で、その方向性をさらに具体化し徹底させていくためにはマーケティング戦術展開の段階へとすすんでいくことになります。
　この段階ではターゲット市場のニーズにフィットするよういかに戦術手段を組み合わせていくかが主たる課題となりますが、この場合の戦術手段の組み合わせのことをマーケティング・ミックスと言います。
　マーケティング・ミックスの中身の分類についてもっともオーソドックスなものが、アメリカのマーケティング学者Ｊ・マッカーシーが提唱したマーケティングの４Ｐです。
　マーケティングの４Ｐとは「製品（Ｐｒｏｄｕｃｔ）」「価格（Ｐｒｉｃｅ）」「流通チャネル（Ｐｌａｃｅ）」「プロモーション（Ｐｒｏｍｏｔｉｏｎ）」のことであり、各用語のイニシャルをとって４Ｐという呼称がついているものです。内容はそれぞれ以下のとおりです。

第2章　成長／拡大段階における基本戦略

・　製品（Ｐｒｏｄｕｃｔ）

　「製品」には機能や品質はもちろんのこと、ブランドやパッケージング、保証、アフターサービスなども含まれます。こうした要素を総合的にプラニングするのが「製品」にかかわるマーケティングです。

　また「製品」には成長サイクルがあり、一般的には「導入段階」「成長段階」「成熟段階」「衰退段階」の過程をたどるとされています。

　まず「導入段階」では製品の認知と市場確立を目指すマーケティングが、「成長段階」ではシェア拡大や差別化のためのマーケティングが不可欠であり、「成熟段階」ではプロモーションによるブランド強化が強調されます。「衰退段階」では広告以外のプロモーション対策に頼る傾向が強くなります。

　なお、今日顧客のニーズの移り変わりが早くなっていることから、多くの分野で成長サイクルの短縮化、即ち商品の寿命の短縮化がすすんでいます。

　このため、定期的に自社の商品・サービスを見直す機会を設定することが必要となっています。

・　価格（Ｐｒｉｃｅ）

　価格設定の基本になるのが「コスト志向型価格設定」ですが、市場が製品志向から流通志向、顧客志向に移行するにつれて「競争志向型価格設定」や「知覚価値（顧客が知覚している製品の価値）志向型価格設定」が導入されるようになります。

　コストと競合製品の状況を基本としながら、知覚価値志向の価格設定をいかに効果的に組み合わせていくかが価格設定の基本的な考え方となります。

・　販売チャネル（Ｐｌａｃｅ）

　販売チャネル対応の戦略については、チャネルの選択とチャネル管理の両面からの検討が必要です。

　チャネルの選択については、垂直的マーケティング・システムの選択、取引費用の問題、販路の集中度等について検討を加えます。チャネル管理については従来型のチャネル・リーダーによる一方的管理からチャネル・メンバー間の役割分担やコミュニケーション重視によりシステム全体のパワーアップを目

指す方向へと変わりつつあります。

・　プロモーション（Ｐｒｏｍｏｔｉｏｎ）
　製品やサービスを顧客に知らせ購入を促すために行うあらゆる諸活動を指します。
　広告（マス媒体、ＳＰ媒体、インターネット活用など）、ＰＲ（パブリック・リレーションズ、広報活動など）、人的販売（販売員活動など）、販売促進（広告、ＰＲ、人的販売以外の販促諸活動）から成ります。
　以上のプロモーション手段は単独で展開するのではなく、相互に有機的に連動させながら展開することが有効です。
　近年ではあらゆるコミュニケーション活動を統一的にコントロールしようとする統合マーケティング・コミュニケーション（Ｉｎｔｅｇｒａｔｅｄ　Ｍａｒｋｅｔｉｎｇ　Ｃｏｍｍｕｎｉｃａｔｉｏｎ）活動の重要性が強調されています。

　中小・小規模企業のプロモーション活動の成否は「販売員活動」であるといっても過言ではありません。具体的には顧客に対するきめ細かいアドバイスや一人ひとりの顧客に合わせた提案などです。
　販売員は取扱商品の熟知は当然であり、顧客の一歩先を行く知見を持つことが不可欠です。そのためには積極的な販売員教育への投資が必要です。

② 競争地位別戦略

　「競争地位別戦略」とはＰ・コトラー（アメリカの代表的マーケティング学者・ノースウェスタン大学教授）がマーケティング戦略の観点から説いているものですが、前述の戦略区分からすると広義にはポジショニング・アプローチに属する事業戦略理論としても受け止められます。ただし、マーケティング戦略の観点からするアプローチであり、狭義にはポジショニング・アプローチによる理論とは区別して取り扱われています。

第2章　成長／拡大段階における基本戦略

　コトラーは「競争地位別の戦略類型は、業界における競争上の地位によってとるべき戦略の定石は異なる」との考え方を提示しています。
　すなわち、業界内の企業の地位を「リーダー」、「チャレンジャー」、「ニッチャー」、「フォロワー」の4つに分類、それぞれの地位に応じた戦略をとることが適切であるとし、以下のような方策が考えられるとしています。

　まず、「リーダー」とは、業界の市場シェアがトップの企業で量的にも質的にも優れた経営資源を保有している企業であり、このような企業は個別企業との競争に明け暮れるよりも周辺需要拡大に注力し非価格競争を推進する。チャレンジャーやニッチャーからの差別化戦略による挑戦には、同質化戦略により対応する方策をとる。
　また、「チャレンジャー」とは、市場で2番手のシェアを持つ企業群に属し、リーダー企業に挑戦している企業であるが、差別化戦略を組み合わせて全体戦略を練り上げる。具体的には製品での差別化、価格での差別化、流通経路での差別化、プロモーションでの差別化等に依る。リーダー企業が同質化対応できないような差別化を図ることがポイントである。
　さらに、「ニッチャー」とは、市場シェア上位のリーダーやチャレンジャーと棲み分けており、特定領域において規模は小さくても独自の地位を築くことに成功している企業を指す。ニッチャーは特定の領域において経営資源の集中化をさらに高めて、その領域においてナンバーワン企業であり続けることを基本戦略とする。その分野でのミニ・リーダーとなることを目指す。
　最後に、「フォロワー」とは、リーダーの動きに追随する市場シェア下位の企業でチャレンジャーのようにすぐにリーダーの地位を狙うことができない企業で、ニッチャーのように特定領域で独自の領域を築けていない企業。このような企業は、企業が存続しうるレベルでの利潤の確保を目指しながら、チャレンジャーまたはニッチャーになれるような経営資源の蓄積に努力する。上位企業と直接競争するのではなく、そのやり方を模倣し効果的に成果を上げることを基本戦略とする。

　ところで中小企業の場合、大規模市場では大企業に比べて弱い立場にならざ

るを得ません。ニッチャー、即ち小規模市場でのリーダーとなるよう市場を細分化し、集中戦略をとっていくことが中小企業の重要な戦略の一つとして勧められます。

また競争相手の動向にも周到に注意を払うことが求められます。競争相手が非常に有力で、自社の商品やサービスでは対抗することが難しい場合、営業区域が重ならないよう他社地域の顧客を斡旋したり、商品をお互いに融通し品ぞろえを増やすなど他社と協調していくこと、さらには、思い切ってライバルが優位な市場からは撤退するなどにより、棲み分けを図ることも検討すべきです。

（4） ブルー・オーシャン戦略

① ブルー・オーシャン戦略とは

ブルー・オーシャン戦略とは「まだ生まれていない未知の市場空間」であるブルー・オーシャンの創造とその実現を目指す戦略であるとすることができます。競争が激しく自他ともに疲弊する市場のことをレッド・オーシャンと呼ぶのに対して、ブルー・オーシャン戦略はこのレッド・オーシャンから抜け出すための戦略に他なりません。

前々項では持続的競争優位の確立を目指すための戦略策定について、ポジショニング・アプローチとリソース・ベースト・ビューを取り上げ検討を加えてきました。また前項ではそれの補完的戦略とも見做されるマーケティング戦略についてその内容を質しました。

ところで本項で取り上げるブルー・オーシャン戦略は、ブルー・オーシャンには競争相手が存在しないので、競争自体を無意味にする戦略であるとすることができるのかもしれません

いずれにしろ新事業開発と経営革新という基本テーマをすすめていく上においては、そのテーマの性質上ブルー・オーシャン戦略が大いに参考になる戦略であることはいうまでもないところです。

② バリュー・イノベーション

　ブルー・オーシャン戦略の土台となるものがバリュー・イノベーションであり、ブルー・オーシャンを創造するにはバリュー・イノベーションの実現が欠かせません。

　ブルー・オーシャン戦略理論の提唱者であるＷ・Ｃ・キムおよびＲ・モボルニュ（いずれもフランスのビジネススクールＩＮＳＥＡＤ教授）は、バリュー・イノベーションとは「買い手に対していまだかってない価値を提供しつつ、利益の上がるビジネスモデルを構築することによって既存市場の境界を再定義することである」としています。

　換言すると、戦略について思いをめぐらせ実行するための新しい枠組みを見出すことであり、この枠組みを用いることによりブルー・オーシャンを切り開き、レッド・オーシャンでの過酷な競争から抜け出すことを目指すプロセスそのものであるとすることができるかと考えられます。

　ここで重要なのは、バリュー・イノベーションを成し遂げれば「価値とコストはトレードオフの関係にある」という競争を前提とした戦略論の常識から解き放たれるという点です。

　即ち、差別化および低コストの同時実現を目指そうとするのがバリュー・イノベーションであり、この点こそブルー・オーシャン戦略の基本となる考え方となるものです。

③　分析のためのツールとフレームワーク

ｉ　戦略キャンバス

　ブルー・オーシャン戦略には戦略立案および戦略実現を支援するための様々なツールが用意されています。その一つが戦略キャンバスというフレームワークです。

　戦略キャンバスでは横軸に業界各社が力を入れている要因をとり、一方縦軸には各要因について買い手が得られる価値の度合いを示す数値軸を設けます。

業界標準と自社について各要因の度合いをスコア化してそれぞれを線で結べば、業界標準と自社の戦略を示す折れ線グラフのようなチャートが出来上がります。

　このチャートを価値曲線と称しますが、この価値曲線こそ戦略キャンバスの柱となるものであり、ブルー・オーシャン戦略推進のためのスタート台となるものです。

　この場合、業界全体と自社の価値曲線が全体的に類似していれば、自社の取り組みは戦略的に特徴がないことを示していることになります。他社とは異なる戦略を推進することが、ブルー・オーシャン戦略の場合決定的に重要ですから、業界全体と類似した価値曲線を示すことは事業としてメリットがないことを意味することになります。

　他社とは異なる価値曲線の事例として図表2－7で日本の理容業界で起業しアジア全域で急速な成長を遂げているＱＢハウスのケースを取り上げています。ブルー・オーシャン戦略の趣旨に沿うものであり、成功事例としての同社の在り方が価値曲線上によく示されています。

図表 2-7　ＱＢハウスの戦略キャンバス

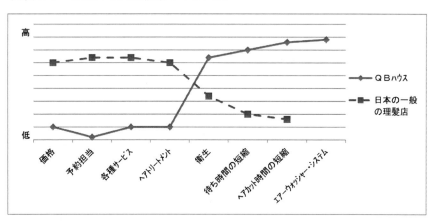

出所:「ブルーオーシャン戦略」W. C. キム＆R.モボルニュ（武田ランダムハウスジャパン）

第2章　成長／拡大段階における基本戦略

ⅱ　4つのアクション

　キムとモボルニュは戦略キャンバスに次いで、買い手に提供する価値を見直して新しい価値曲線を描くためのツールとして「4つのアクション」の考え方を提唱しています。
　差別化と低コストのトレードオフを解消して価値曲線を刷新するためには次の4つの問いを通して業界のこれまでのロジックやビジネスモデルに挑むことが求められるとするものです。

図表 2-8　4つのアクション

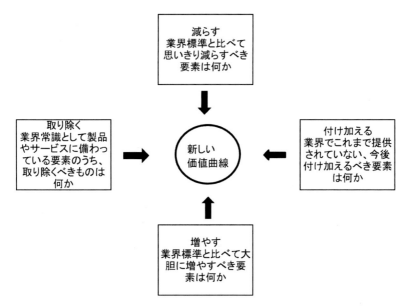

出所:「ブルーオーシャン戦略」W．C．キム＆R．モボルニュ(武田ランダムハウスジャパン)

Q1．Eliminate ――― すっかり取り除く要素は何か
Q2．Reduce ――― 大胆に減らす要素は何か
Q3．Raise ――― 大胆に増やす要素は何か
Q4．Create ――― 新たに付け加える要素は何か

これらの4つの問いを用いると、代替産業からヒントを得ながら買い手に提供する価値内容を改め、これまでにない経験をもたらすと同時にコストを押し下げることができるようになります。

　とりわけ「取り除く」「付け加える」という問いかけは重要で、2つの問いかけに対応することにより既存の競争要因にとらわれたまま価値を最大化しようとする発想から逃げられる、あるいは、競争要因そのものを刷新して従来の競争ルールを無効にしてしまう、等のメリットが得られることが期待されます。

iii　アクション・マトリックス

図表2-9　アクション・マトリクス（アメリカ/ワインメーカー事例）

取り除く ワインの専門用語や等級表示 熟成 マスマーケティング	増やす デイリーワイン並みの価格 小売店との提携
減らす 深みのある味わいや香り 品種 ぶどう園の格式	付け加える 飲みやすさ 選びやすさ 楽しさと冒険

出所:「ブルーオーシャン戦略」W. C. キム&R.モボルニュ（武田ランダムハウスジャパン）

　「アクション・マトリックス」は「4つのアクション」を補う分析手法です。
　このマトリックスを用いて4つのアクションに関係した問いについて考えるばかりではなく、4つのアクションについて実行すべき内容をもれなく書き出すようにします。そうすることで次の4つの効果が生まれることが期待されることになります。

・　差別化と低コストの同時追求

第2章 成長／拡大段階における基本戦略

- 高コストであれもこれも盛り込み過ぎの企業に警鐘を鳴らす効果
- 各マネジメント階層にとり理解しやすいため活用率が高い
- 業界の競争要因についての無意識の前提に気が付く

　以上本項で取り上げたツールやフレームワークは、次項で言及する「ブルー・オーシャン戦略を策定・実行するための原則」の中で各原則と関連付けながらその活用を図ることにより、新しい市場空間を切り開く上で大いに有用になるはずです。

④　ブルー・オーシャン戦略の策定と実行

　ブルー・オーシャンで繁栄を手にするための戦略の策定と実行の原則としては次の6つが挙げられます。うちⅰ～ⅳが策定の原則であり、ⅴ～ⅵが実行の原則です。

ⅰ　市場の境界を引き直す

　第1の原則は市場の境界を引き直し、ブルー・オーシャンを創造することです。具体的には6種類のアプローチ（6つのパス〈the six paths〉）によりブルー・オーシャン創造への手がかりを得ることです。

　パス1　代替産業に学ぶ（買い手が何を重視して代替財・サービスを選別しているかを探ることによりヒントが得られる）。
　パス2　業界内の他の戦略グループから学ぶ（買い手がどのような点を判断材料にして戦略グループ間を移動しているのかの点を考察する）。
　パス3　買い手グループに目を向ける（購入の意思決定にはさまざまな当事者がかかわっているため一口に買い手と言っても実に幅が広い）。
　パス4　補完財や補完サービスを見渡す（製品やサービスはたいていほかの製品やサービスと併用することで価値が増大する。買い手がどのようなトータル・ソリューションを求めているかを見極める）。

パス5　機能志向と感性志向を切り替える（機能志向から感性志向へ、あるいは感性志向から機能志向へ転換を図ることで未知の市場空間が見えてくる）。

パス6　将来を見通す（時の流れの中でトレンドの先行きを見通し適切な視点でとらえれば、ブルー・オーシャン創造のための道筋が見えてくる）。

ⅱ　細かい数字は忘れ森を見る

戦略キャンバスを土台にして戦略策定プロセスを築いていくと、企業とその経営者・マネジャーは森、即ち全体像に目を向けるようになります。つぎの4つのステップによりそのように仕向けていきます。

- 既存の戦略を問い直す。
- マネジャーを現場に送り込み、自社の製品・サービスの実態を問い直す。
- 戦略キャンバスをプレゼンテーションする場を設け、参加者全員に各戦略の評価点をつけさせる。
- 新戦略が決まったらそれをビジュアル化する。従業員皆が理解できるようコミュニケーションに工夫をこらす。

ⅲ　新たな需要を掘り起こす

顧客だけでなく顧客以外の層にも視線を向ける必要があります。顧客以外の層とは次の3つのグループからなります。

- 市場の縁にいる層
- この市場の製品やサービスを利用しないと決めている層
- 市場から距離のある未開拓の層

3グループの共通点をとらえ、ニーズにマッチする製品・サービスを提供すれば、市場の境界線を大きく引き直せる可能性が高まります。

第2章　成長／拡大段階における基本戦略

iv　正しい順序で戦略を考える

　図表2－10にあるように、買い手にとっての効用、価格、コスト、実現への手立てといった順序でブルー・オーシャン戦略を築いていきます。

図表2-10　ブルー・オーシャン戦略の策定手順

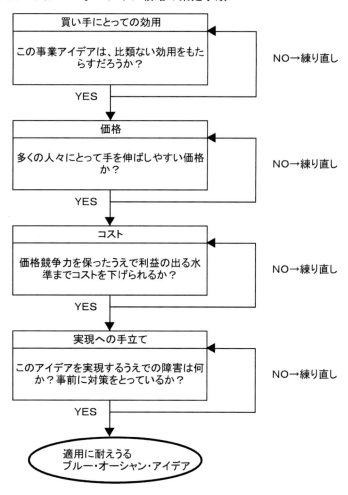

出所:「ブルーオーシャン戦略」W. C. キム＆R.モボルニュ（武田ランダムハウスジャパン）

v　組織面のハードルを乗り越える

組織面のハードルには次の4つがあります。

- 意識のハードル
- 経営資源のハードル
- 士気のハードル
- 政治的ハードル

組織の意識を大きく変えるには、現実を目の当たりにさせ危機感を植え付ける、経営資源のハードルには、非重点領域から重点領域へ資源をシフトし部門で不足資源を補い合う、士気のハードルについては、影響力の大きい中心人物を活用、戦略の導入を組織全体にいきわたらせる、また、政治的なハードルには、抵抗勢力に対しては守護神（利益を得る勢力）に頼り大敵（その逆の層）を黙らせ、経営陣のアドバイザーになってもらう、等によるハードルを超えるためのアプローチがあります。

vi　実行を見据えて戦略を立てる

ブルー・オーシャン戦略の実行には、戦略を公正なプロセスで策定・実行することが重要です。
公正なプロセスには基礎となる3つのE/要素があります。

- 関与（Engagement/全員が参加する機会）
- 説明（Explanation/決め事がそうなった理由）
- 明快な期待内容（Clarity of Expectation/何が期待されているかをハッキリさせる）

3つのEは戦略の策定・導入・実行のあらゆる面で欠かせない要素です。

⑤　ブルー・オーシャン戦略の持続と刷新

　ブルー・オーシャン戦略は模倣が著しく難しい戦略です。業務オペレーション上の障害もあれば意識面の障壁もあります。そのため多くの場合１０年から１５年もの間、大きな挑戦を受けずに持ちこたえられます。
　しかしブルー・オーシャンは永久には続きません。やがてビジネスは模倣されレッド・オーシャン化します。
　したがってブルー・オーシャンを創造したら、すかさず従来型の競争に主軸を置いた「競争の戦略」を推進すべきです。より長期的に収益を上げるには、レッド・オーシャンを航海するための戦略である「競争の戦略」に長けていることが欠かせません。
　ただし、延々と「競争の戦略」を採っていたのでは泥沼の戦いから抜け出せないことになってしまいます。機を見て賢明なる戦略移行、新たなブルー・オーシャン戦略の立案が不可欠になることはいうまでもありません。
　環境に応じて「競争の戦略」と「ブルー・オーシャン戦略」を使い分ける知恵が必要です。両者の絶妙なバランスがマネジメントには不可欠です。

2　多角化による規模の拡大

　本章1項では成長段階における基本戦略について、競争優位の確立にかかわるポジショニング・アプローチ、リソース・ベースト・ビュー、マーケティング戦略、ブルー・オーシャン戦略等の理論・手法を取り上げ、経営革新・新事業開発の成長段階における戦略の在り方について検討を加えてきました。

　そこで次の段階として目指すべきものは企業としての規模の拡大です。むろん規模の拡大には「良い拡大」と「悪い拡大」とがあり、悪い拡大に走るべきでないことはいうまでもありません。

　悪い拡大の特徴は一言で言って、強みのない領域への多角化です。目的があいまいなままドメインやバリューチェーンを拡げると、メリットのない多角化になってしまうことになります。

　これに対して良い拡大とは、それまでの成功の方向性に沿うものであり、広く浅くという安易な多角展開ではなく、ターゲットを絞り込んで確信が持てる分野へ深く浸透・展開していこうとするものです。言葉を換えていえば、事業戦略ではなく全社戦略による規模の拡大の問題でもあります。

　前項までの議論が主として単一分野での事業戦略であったのに対して、本項では複数事業を対象とする全社戦略、即ち多角化による成長拡大目標の達成について論じていくこととなります。

　より具体的には全社戦略の課題は、環境変化に適応して企業の事業構造を変革し、ヒト・モノ・カネ・情報など企業活動に必要な経営資源の獲得・蓄積・配分を行う点にあります。その過程を通じて、既存事業の再編成や効率化、新規事業の開発、事業の多角化を図っていこうとするものです。

　まさに良い意味での企業規模の拡大であり、焦点を絞り込んだ多角化により規模拡大を狙うものとすることができます。

　ただし、「多角化」という言葉を聞くと中小企業サイドから「多角化なんて経営資源の豊富な大企業が余剰の資金や人材を活用するために他の分野に進出する場合のことであり、我々みたいな中小・小規模企業にはとても関係ない話・・・」という反応が直ちに聞こえてきそうです。

しかし、本業と呼ばれる事業もいつかは成熟期や衰退期にさしかかるわけであり、その点は大企業も中小企業も関係ありません。またこれからは、中小企業も少数の大手得意先に頼らず、独自に新しい事業を始める必要が高まるとの環境見通しも有力になっています。

それらを克服していくためには、新事業開発による多角化戦略を検討していかざるを得ないともいえそうです。

(1) 成長の方向性

① アンゾフの成長ベクトル

企業がどのような方向で成長を図るかを検討するフレームワークとしてI・アンゾフ（1918～2002/アメリカの経営学者）が開発した「成長ベクトル」があります。

図表2-11　アンゾフの成長ベクトル

		製品	
		既存	新規
市場	既存	市場浸透	製品開発
	新規	市場開拓	多角化

出所：「企業戦略論」I. アンゾフ（産能大学出版部）

このフレームワークは企業が営む事業の範囲を製品と市場という2つの要素に分解し、今後企業が成長するためにどの製品・市場分野で事業展開していくのかを検討するためのものです。

具体的には、以下のように製品と市場をそれぞれ既存か新規かという観点で2つに分け、マトリックスに整理することにより企業が成長するために必要な事業展開の仕方を大きく4つに分けます。4つのうちどのセルを選択するかによって展開の仕方は全く異なってくることになります。

i　市場浸透戦略

既存製品と既存市場が交わる象限であり、現在関与している市場において既存製品の販売拡大をはかる戦略を指します。

現在の製品・市場分野が有望で成長が見込まれる場合に適しており、流通経路の整備、価格の引き下げ、広告宣伝の強化などが行われます。

ii　新製品開発戦略

既存の市場に対して新製品を提供して成長の機会を見出すもので、新製品開発には既存製品の高付加価値化なども含まれます。製品開発力が高い企業に適しており、新製品の開発、既存製品の改良などが行われます。

新製品開発にはスピードも重要。せっかく新しい製品やサービスを開発しても、市場への導入が他社に遅れればその効果は半減します。

中小企業では資金や人材が限られているので、最も有望なものを選びそこに集中的に資源を投入することが求められます。

iii　新市場開発戦略

既存の製品で新たな市場を開拓して成長の機会を見出すもので、市場の範囲を拡大したり、既存製品について別の用途を見出したりする戦略です。営業力の高い企業に適しており、法人向け製品の個人向け販売、海外営業拠点の設置などが行われています。

既存顧客にとっては当たり前の製品であっても、ターゲット顧客が違えば彼らにとっては新製品になりうるはずです。従来の見方に凝り固まった自社の人

材だけでは、どの分野に活用できるのかを探るのは困難です。
　情報収集範囲の限られる中小企業としては、単に自社の人材だけにどの分野に活用できるかを探るのではなく、異業種の経営者や他分野の専門家など部外者の意見を聴く機会が一層ひろく求められます。

ⅳ　多角化戦略
　製品・市場ともに新しい分野に進出して新たな成長の機会を求めるものです。新しい製品・市場分野と現在のそれとの関連性が薄いため不確実要因が多く、リスクを伴う戦略です。より詳しくは次項以降で説明します。

② 　多角化

ⅰ　多角化の類型
　多角化戦略は水平型多角化、垂直型多角化、集中型多角化、集成型多角化に分類できます。
　最近市場の収縮に直面している建設業界では、多くの企業が事業構造を変革して将来にわたって発展し続けられるよう努力しています。多角化はそうした際の有力な経営戦略の一つとなっています。ゼネコン（General constractor：総合建設会社）を例に多角化の特徴を挙げると次のとおりです。

・　水平型多角化（本業の関連事業への展開）
　同一タイプの市場に新製品を提供するもので、一般に大幅な増収は見込めないが、既存事業・技術との関連性が高く、その分経営リスクも少なくて済む。ゼネコンがリニューアル工事や設備工事などに進出するケースです。
・　垂直型多角化（本業の川上・川下への事業展開）
　製造工程や流通段階の川上や川下への多角化へ取り組むもので、既存事業・技術との関連性が比較的高いため経営リスクも比較的小さくて済みます。
　例えばゼネコンが市街地再開発事業、マンション販売・管理事業、有料老人ホームの建設・運営事業、水質浄化装置開発事業などに進出するケースです。

- 集中型多角化

既存技術やマーケティング力に密接に関連付けた多角化で、例えばゼネコンが治水技術を利用した屋上緑化やビオトープ、廃材から床・ドア材の再生事業などに進出するケースです。

- 集成型多角化

既存事業・技術との関連性が低く、その分経営リスクも大きいものであるが、進出先分野が将来大きく成長すれば大きなリターンが期待できます。たとえばゼネコンがホテル事業、レジャー事業、農産物の有機栽培事業などに進出するケースです。

ⅱ 多角化の効果

- シナジー

アンゾフは多角化の成功要因として、既存事業と新規事業の間で経営資源や能力を共用して効率的に展開することをシナジー（Ｓｙｎｅｒｇｙ）効果という概念で説明しました。

的確なポートフォリのもとで多角化を図ると大きな利点としてシナジー効果が得られます。

シナジー効果とは企業が複数の事業を持つことによって、それぞれを単独で運営したときよりもおおきな効果が得られることを言います。生産、技術、販売、管理、人材などさまざまな活動要素について働くが、通常、事業間で共通利用できる要素が多いほど強く働くとされています。

なおこうした事業間の関係は、コストの共有化や調整コストの削減によるコストメリットの観点から、範囲の経済性という言い方で言及されることもあります。

ⅲ 多角化の理由

企業が多大なリスクを覚悟して多角化に取り組む主な理由は次の通りです。

- 主力製品の需要停滞の打破

自社の主力製品に対する需要の停滞が一時的ではなく構造的な停滞局面に入った場合、多角化戦略が有力な選択肢となります。

- 収益の安定化

製品の売上高は景気変動、季節変動、流行などさまざまな影響因子に左右されます。自社製品が単一製品や類似製品群である場合、収益が同一の影響因子に左右されやすいため、異質な分野への多角化戦略が有力な選択肢になります。

- リスクの分散

自社が取り組んでいる事業や製品が単一ないし類似である場合、目には見えないリスクが潜んでいるといえます。

それらの事業が好調な時は表面化しないが、ひとたび不調に陥った場合企業の存在さえ危うくなることがあり得るからです。あえて集成型多角化に取り組む理由の一つとして挙げられます。

③ 成長の方式

企業が成長機会を探索するための方向性実現の方式には、「自社単独で行う」「外部資源を活用する」という観点から大きく2つに分類できます。

ⅰ 自社単独

自社単独で行う場合では社内ベンチャーの立上げがあります。

社内ベンチャーとは事業を創出するため企業内に開発グループをつくり、あたかも独立企業であるかのように運営する仕組みであり、本社がそれを全面的にバックアップしていく組織のことをいいます。新規事業への進出、チャレンジ精神をもつ人材の育成、社内の既存資産の有効活用などの目的で実施されます。

ⅱ 外部資源の活用

外部資源を活用するケースでは、M&A、戦略的提携、アウトソーシングなどが挙げられます。

- M&A

M&A（Mergers and Acquisitions）とは企業の合併や買収のことであり、企業の持続的な成長発展のために欠かすことができな

い重要な戦略の一つです。

　Ｍ＆Ａにあたっては、人材や組織の活性化、事業価値の評価、将来の戦略設計、法規制など企業経営に欠かせない多くの問題を解決する必要があります。

　Ｍ＆Ａの代表的手法としては合併と買収があります。合併には新設合併と吸収合併があるが、多くは吸収合併により行われています。買収は対象企業の経営権を相応の対価を支払って獲得する方法ですが、事業譲渡による方法と株式取得による方法があります。

　Ｍ＆Ａの動機・目的としては、大企業の場合で多いのは「国際競争力をつけるため」「国内市場競争の強化のため」「破たん企業再生のため」の３つとされていますが、中小企業の動機として多いのは（譲渡する側）「後継者問題」「事業の将来性の不安」の２つです。昭和３０〜４０年代に創業した多くの中小企業経営者が後継者難に直面しており、この問題の解決策として友好的Ｍ＆Ａが静かな流行となっているといわれています。

・　戦略的提携

　戦略的提携とは国内外の競合企業同士が経営の根幹にかかわる部分で協力関係を築く提携形態です。

　近年戦略的提携が増加していますが、その要因としては経済のグローバル化、企業間の競争激化、技術革新の進展などが挙げられます。この３要因による情勢の変化よって、企業が自社の経営資源のみで成長を目指す内部的成長戦略に固執することが難しくなってきているといえそうです。

　ではＭ＆Ａではなく、なぜ提携なのでしょうか。

　一つには経営環境の変化の激しさが挙げられます。将来の経営環境の予測が難しい中では、状況の変化に応じて提携解消という選択も比較的容易に選択できる提携の方が、柔軟性の面で優れていると考えられているからと判断されます。もう一つの理由としては、事業見直しの中で手元にとどめておきたいものの、他社の協力を得ないと収益力の回復を実現できないという「準コア的事業」が選別されてきているということが挙げられます。

・　アウトソーシング

　外部経営資源をあたかも自社の経営資源のように評価・位置づけし、それを自社の成長と発展に使いこなす経営手法のことをいいます。

研究開発面、生産面、販売面のアウトソーシングはもとより、人材面、資金面、資本面、商品面などのアウトソーシングもあります。

研究開発面のアウトソーシングとは、研究開発を大学や研究機関さらには他社との共同で実施したり委託したりすることが該当します。生産面では社内・地域・規模にこだわらない国際的規模での最適生産や購買、販売面では自社は研究や生産に特化、販売は他社チャネルを有効に活用するというかたちが挙げられます。

（2） 複数事業の組み合わせの最適化

① プロダクト・ポートフォリオ・マネジメント（ＰＰＭ）

ボストン・コンサルティング・グループ（ＢＣＧ）によって開発された戦略策定支援ツールであり、企業が多角化により複数の事業を展開するときの総合効果を分析し、各事業への資源配分を決定するときに利用されるものです。

具体的には企業が展開している複数事業を「市場成長率」と「相対的市場シェア」という2つの軸で評価し「スター」「金のなる木」「問題児」「負け犬」の4象限に分類します。

図表2-12　ＰＰＭモデル

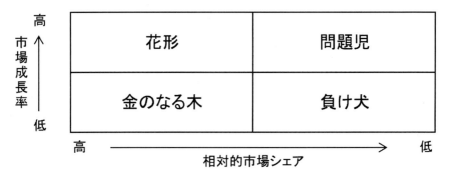

この場合「市場成長率」の背後には「プロダクト・ライフサイクル（ＰＬＣ）理論」の考え方があります。

　市場成長率が高いということはＰＬＣ上の導入期、成長期に位置し、市場成長率が低いということは成熟期、衰退期に位置していることを表しています。ここでのポイントは、導入期、成長期には市場競争上必要とされる投資額は多額となり、成熟期、衰退期には減少するということ。つまり、市場成長率の高さと事業に必要な資金は相関関係にあると考えられる点です。

　一方「相対的市場シェア」の背後には「経験曲線効果」（製品の累積生産量が大きくなるほどその製品にかかる単位当たりのコストが一定の割合で低下するという経験則）という考え方があります。

　同様、相対的市場シェアが高いということは、累積生産量が多いということから資金流入が多いということを、相対的市場シェアが低いということは資金流入が少ないということを意味しているという点がポイントとなります。

　以上をふまえて、ＰＰＭで４つに区切られた象限についてみていくと、それぞれ別のポイント事項は次のように整理されます。

「　問題児　」
- 資金流出が多く、資金流入が少ないためキャッシュフローはマイナスである
- 問題児に投資を行い、競合企業からシェアを奪い相対的市場シェアを高めることに成功すると、資金流入は増加し問題児は花形に移行する。
- すべての問題児が花形に育つわけではなく、その選別が重要となる。

「　花形　」
- 資金流入も資金流出もともに多く、キャッシュフローの源泉ではない。
- 成熟期になって市場成長率が低くなった場合に金のなる木に移行するため、花形に投資を続行し相対的市場シェアを高く保つ努力をする必要がある。
- 問題児から花形に移行する場合と、研究開発により直接花形をつくりだす場合がある。

「　金のなる木　」
- 資金流入が多く資金流出が少ないことから、キャッシュフローの源とみなすことができる。
- ここで獲得できるキャッシュフローを花形や問題児さらに研究開発部門へ投資する。

「　負け犬　」
- 資金流入、資金流出ともに少ない。
- 撤退することにより、すでに投資した経営資源を回収して他の事業での有効利用を図る必要がある。

　以上４つの象限別の各指摘事項全体をとりまとめると、「金のなる木に属する事業から得られるキャッシュを活用して、企業の将来を支える事業をいかに育てられるか」が問題であると総括されることになります。
　具体的には、研究開発や新規事業開発、将来性のある問題児への投資を通じて花形事業へと成長させ、将来の金のなる木を育成していくという好循環をいかに生み出していくかが目指すところであるということです。

② ＰＰＭの限界

　ＰＰＭは事業ポートフォリオの検討に際して多くの示唆を与えてくれるものではあるが、いくつかの問題があることも指摘されています。代表的なものとしては次が挙げられます。

- 企業の経営資源を財務資源という観点のみからしか考えていない。
- 各事業間のシナジーという質的な面での評価が軽視されやすい。
- ＰＰＭは既に展開した事業の分析であり、新しい事業分野への展開、既存分野でのイノベーションの可能性の検討の手掛かりにはなりにくい。
- 横軸での評価は累積生産量が上がればそれだけコストが下がり収益が高まるという考えが前提となっているが、これは差別化戦略をとってい

る事業にはそのままでは当てはまりにくい。
- 負け犬とされる事業では、配置された人員のモラールが低下する可能性がある。
- 金のなる木への投資が行われないため、その衰退が早まってしまう恐れがある。

第3章

個別テーマ分野別の経営革新対策

1　海外展開（中小企業の海外進出）

　この項では、中小企業が販路開拓や新たな事業機会を求めて海外進出を行い、事業の維持・拡大を図る際に必要となる準備や進出のステップ並びに留意点などについて、基礎的な知識を中心に解説します。
　一般的に海外に生産拠点を設置したり、海外の市場を対象にして事業をする場合に"国際化"と言いますが、"国際化"には'モノの輸入'や'サービス貿易'そして日本に訪れる外国人を対象にしたいわゆる'インバウンドの国際化事業'も含まれてきます。ここでは販路の拡大を求めて行う'輸出（直接・間接）'と現地に拠点を設けて事業を行う'直接投資'をする中小企業を対象にして解説しますので、この項のタイトルは公的な支援・施策で使われる「海外展開」としつつも、文中では具体的で積極的な意味合いを含んだ「海外進出」という言葉を使います。
　ところで、国内とは言語・商習慣が異なる海外に進出して事業を行うことは、経営資源が限られている中小企業にとって課題は多く、またリスクが高くなりますので、失敗をすると企業経営に大きな影響を与える事業といえます。まさしく前章で解説した'レッド・オーシャン'への船出でとなりますが、それ等の課題を乗り越えて海外で事業活動を展開し、新たな業態を編み出して海外の需要を取り込むことが求められる環境となってきており、今まで以上に多様な支援が求められています。そして、海外進出は業種、進出国・地域、進出形態などによって取組み方や方法が異なってきますので、初めて海外進出を検討する中小企業は海外ビジネスの経験がある専門家を交えて、現実に即した方法で検討を進めることが肝要です。

（1）　経営革新対策としての海外進出
　少子高齢化やグローバル化の進展により市場規模が縮小している日本国内において、企業が販路拡大や新事業展開のターゲットとして海外に市場を求めるのは自然な成り行きといえます。最近では、製造業よりも非製造業の海外進出が多くなってきており、海外の市場で直接需要を取り込むことを目的とした進出が増えてきました。しかしながら、前述したようにそうした海外での事業

活動は、異なる制度、文化・商習慣に対応して競争にも打勝たねばならず、リスクも高くなりますので十分な準備が必要となることを肝に銘じておかなければなりません。

① 中小企業を取り巻く環境の変化

　日本の名目 GDP はリーマンショック前年の 2007 年にピークの 513 兆円に達しましたが、2009 年に 471 兆円まで下降した後は横ばいで推移しており 2013 年は 478 兆円と依然として 500 兆円を下回ったままになっています。一方、アジア新興諸国（中、印、NIEs3、ASEAN10）の経済成長は著しく、同時期の世界に占める名目 GDP の割合は 2007 年の 13.7%（7.7 兆ドル）から 2013 年は 20.9%（15.4 兆ドル）に伸び 2020 年には 25%（25 兆ドル）を越える予想が示されており、日本の同時期の割合 7.7%（4.3 兆ドル）、6.6%（4.9 兆ドル）、5.6%（5.8 兆ドル）と対照的です。また中間層・富裕層の人口は 2010 年の 19 億人が 2015 年には 24 億人、2020 年には 29 億人と増加する予想になっており、近隣諸国の市場の拡大は著しいものがあります[1]。

　したがって、少子高齢化、グローバル化の進展により縮小する日本国内市場から、成長著しい海外地域に販路拡大を目的として進出する企業は、業種においても従来の下請け企業による大企業追従やコストダウンを目的とした製造業中心から、販路の拡大を目指した非製造業（卸・小売、サービス、運輸業など）の進出へ変化が見られます。現地法人に占める非製造業の割合は 2007 年に製造業を上回り、2012 年度は 55.4%になっています[2]。

　繰り返しますが、海外進出は国内とは環境が異なる海外の地で、したたかな現地の商売人や世界規模で事業をしているグローバル企業を相手に事業を展開する訳ですから、初めて海外進出を行おうとする企業は十分な調査と準備が必要です。実際に事前の調査や準備が不十分であったために業績が悪化したり、撤退に追い込まれるケースが増えています。従って、海外進出を検討する場合は、第一に、なぜ海外進出するのかその目的を明確にして、競合に打勝つ製品・サービスを持ち且つ現地のニーズに合うものを提供できるかを検証すること。

---

[1] IMF World Economic Outlook Database 2014
[2] 経済産業省「海外事業活動基本調査（2013 年 7 月調査）」

第二に、海外進出を成功させるために、事前に課題を抽出して対策を講じること。第三に、現地調査を入念に行い無理の無い進出形態を選ぶことが必要です。これ等の準備は、国内で新規事業を興すのとは異なる経営資源が必要となることも念頭におかなければなりません。

海外進出決定までのプロセスをまとめると図表 3-1-1 のようになります。

図表 3-1-1

```
              海外進出決定までのプロセス

 1. プロジェクトチームの編成 （トップをリーダーに）
 2. 進出目的の明確化
    （輸出市場の確保、労働力の確保、新市場開拓、など）
 3. 進出先・地域の選定 （目的に最適な場所）
 4. 事前調査の徹底 （投資環境、事業費、など）
 5. 経営形態の選定
    （業務委託、独資、合弁、集団化、企業買収、など）
 6. F/S フィージビリティ・スタディ （進出の妥当性と経済性の検証）
       ※結果が思わしくなければ４．に戻るか「中止」の判断
 7. 進出の決定 （F/Sの結果を参考に進出の可否を決定）
```

② 海外進出をするために必要な経営資源

海外進出をするために必要となる経営資源をヒト、モノ、カネの視点から見て行きます。

ⅰ．ヒト：

社内においては海外ビジネスを熟知した社員を採用するのが理想的ですが、経営資源の限られた中小・小規模企業においては商社等を使った間接輸出から始め、その間に人材を育成する方法が堅実といえます。実際には海外ビジネス経験者を中途採用する企業は多く見られますが、企業の経営方針を理解して協調性をもち海外展開をリードできる資質のある人材を外部から確保するのは易しいものではありません。したがって、中小企業においては、経営トップ自らが陣頭指揮を執って全社一丸となって取組んでいくことが求められます。

一方で、日本とは異なる取引慣行や法制度の基で事業を推進させるためには、"現地の信頼できるパートナー"(現地での事業提携先や弁護士・会計士など専門家やアドバイザー)の確保が重要となります。生産・販売等の業務面だけではなく、許認可や規制に関する法制度、労務管理、関係官庁への届出・手続き等、現地の信頼できるパートナーの存在が事業を運営していくために欠かせません。現地の信頼できるパートナーの見つけ方については後述することにします。

ⅱ．モノ：

　現地で提供する製品やサービスは、現地のニーズに合ったものでなければなりません。いくら性能や品質が良くても、ニーズに適合したものでなければ見向きもされないでしょう。厳しい競合関係のなかでは、差別化された、優位性のある製品やサービスを提供しないと、価格競争に陥って利益を上げることができなくなる可能性があります。製造業のＢ to Ｂにおいては、他がマネのできない技術やノウハウを持って、需要の変化に対応出来る生産能力やクレームへの対応力が求められます。また、一般消費者を対象としたＢ to Ｃにおいては、ＰＲとブランドの確立並びに販売方法が重要です。

　東南アジアにおいては日本の商品やサービスへの人気が高まってきていますが、ニセモノも多く出回るようになります。それを防ぐためにも現地のものと差別化を図り、また常に現地のニーズを調査してそれを反映させたものを提供しなければなりません。

　したがってその様な情報を収集できる仕組みや、その情報に基づいて製品やサービスを開発する体制を整える必要があります。海外進出には"オリジナリティ"と"イノベーション"が必要といえます。

　そのためにはマーケティングをして適切な製造・販売の事業戦略を立てて進出しなければなりませんが、その方法については第２章で解説しています。

【コラム】　～アメリカとドイツの中小企業～

　著者は商社勤務時代に米国の食肉加工機械・資材の輸入を担当していたが、1980年代は日本の食文化が欧米化する過程にあり、ハム・ソーセージ、ハンバーガー等の需要が大きく伸びた時期でその生産の近代化、量産化に貢献する機械類のニーズは高いものがありました。それ等メーカーの多くは 10 人から 50 人程度の中小企業でしたが、世界中の顧客を相手にグローバルな事業展開をしており、その玄関先には米国国旗と並んで"E"の字が書かれた旗が掲揚されていたことを鮮明に記憶しています。Eの字は Export の頭文字で米国政府が輸出に貢献している企業に配っていると聞かされました。その頃は Japan as No.1 といわれた時代で、米国政府が落込んだ経済の建て直しの一環として輸出に力を入れている姿勢を窺い知ることができ、またその役割を中小企業が担っていることを実感しました。

　その後 1990 年代は宝飾品（真珠製品）、2000 年代には電子機器部材をドイツに輸出する仕事も経験しましたが、そこでもグローバルな事業展開をする中小企業が多くあることを知りました。その存在感は米国のそれをしのぐものがあり歴史も長く、ドイツ経済を支えている"Mittelstand"（ミッテルシュタンド）と言う概念で代表される中堅企業であることは後で知りました。最近日本でも注目されていますが、その特徴と属性を紹介します。

〈戦略上の特徴〉
*　　　差別化された製品への特化
*　　　グローバリゼーション
*　　　顧客との密接な関係とアフターサービスの重視
*　　　ブランド・品質重視
*　　　イノベーション・R&D 投資
*　　　従業員との長期的関係

〈属性〉
*　　　B to B が多い。
*　　　比較的古い産業に多く、ICT が少ない。
*　　　地方に分散、地域に根を張っている。
*　　　家族所有・家族的経営

このミッテルシュタンドは、古くからあるマイスター制度を基礎にして築き上げられたものですが、日本の伝統的なものづくりを継承している老舗企業に共通したものがあります。日本の中小・小規模企業の海外展開にとっても参考になると思われます。

　下表は独・日・米の中小企業が国の経済に占める割合を示したものですが、日・独に共通するところが多いことがお判りになると思います。

	ドイツ	日本	米国
企業数	99.6%	99.7%	99.7%
被雇用者数	61.0%	62.8%	49.1%
付加価値	52.0%	49.3%	43.9%

出所：Mittelstand については通商白書 2013 年版より引用

ⅲ．カネ：
　海外進出はその準備段階から、現地調査、人材確保、組織体制の構築、現地提携先との契約、或いは直接投資をしてスタートするまで、国内事業とは比較にならない資金が必要となります。また、スタートした後もいろいろな問題やリスクに直面することになり、想定外の出費を強いられる可能性があります。そのために助成金や補助金を利用したり、金融機関から資金調達をして不足を補う方法もありますが、基本的には、準備段階からスタートして1年間に予想される海外進出に必要となる費用は自己資金で賄えるように、余裕のある資金の準備と計画を立てておくべきです。特に資金的な余裕がない小規模零細企業は、無理せずに段階的に海外進出する方法を薦めます。段階的な海外進出については、次項で説明します。

（2）　海外進出のステップ（輸出から直接投資まで）
　経営資源に限りのある中小・小規模企業は、特段の理由や事情がなければ段階的に海外進出をするべきです。親会社に追従して現地生産をする製造業や小売、飲食・サービス業は現地で事業をスタートする必要がありますが、販路開拓を狙う小規模製造業や小売業についてはインターネットを使った取引から始め、商社経由の間接輸出に移行して、事業が安定してきたら現地に拠点を設けて規模の拡大を図る、「小さく生んで大きく育てる」方法が賢明といえます。ステップを追って見て行きます。

① 　輸出から始める海外進出（製造業・小売業）
ⅰ．インターネットで小口輸出
　海外向けのECサイトや自社ホームページを使った小額のB to BやB to C販売を皮切りに海外進出をする場合、先ず自社HPを外国語に対応した内容にすることから始めます。海外取引を始めてから課題として出てくるのが、製品や商品の輸出手続き、顧客からの問合せやクレームを外国語で対応すること、そして代金決済があります。また、先端技術を使った製品（組み込まれているソフトも含む）は、「輸出貿易管理令」で規制されているものがありますので、該当していないか、相手国の輸入規制をクリアしているかといった輸出入規

制・制度を事前に確認をしておく必要があります。特に"大量破壊兵器"に使われる恐れのあるものは関係監督官庁に許可申請をしなければなりません。

　小規模企業にとって一番の課題は代金決済（回収）と言えますが、その場合に便利なのが"クレジットカード多通貨代金決済サービス"で、最近は大手金融機関と提携している業者もでてきており、便利になってきました。また、製品発送については日頃利用している宅急便業者で輸出を取り扱うところがありますので相談することができます。輸出量が増えるようになると通関代理業者を通して輸出するのが効率的ですが、建値（輸出価格の設定）や輸出書類の作成、海上保険の付保、海外取引先との商業文によるやり取り（コレポンと言います）が増えてきますので、貿易実務に精通した人材が必要になってきます。そうなると次のステップで輸出することを検討します。

ⅱ．商社・現地代理店の利用

　海外取引量が増えてくると輸出業務が負担になり、また現地ユーザーや取引先との交渉ごとが増えてくることは前述しましたが、この段階になると現地での販路確立が事業の成否に大きく関わってくることが見えてきます。ここで考えられるのが専門商社等を使って販路を確立し安定した事業を継続する体制を作ることです。商社は輸出先に駐在員事務所や支店、或いは現地法人をもってその販売に当たりますので、現地での代金回収の心配から開放されるメリットが出てきます。しかしながら、詳細な顧客情報や市場動向については、現地の会社に較べるとその情報のスピードや正確性に限界があることも事実です。そこで、現地の販売代理店を通し事業を拡大することを考えるのですが、しっかりした販路を有して正確な市場情報が得られる、信頼できる現地企業を見つけて代理店契約を結ぶことが肝要といえます。

　なお、商社や現地代理店と販売契約を締結する場合、最初から専属（Exclusive：一手販売権を与える）契約をせずに、地域や業界等得意とするテリトリーと期間を限定して契約を結ぶことが賢明といえます。理由は、その相手が本当に相応しいパートナーかどうかを見極める期間を持つことと、もし適していなければ契約を打ち切ってより信頼できる相手と契約を結びやすくするためです。

ⅲ．直接投資

　直接投資は独資なり合弁で現地法人を設立して事業を展開することで、その手順は図表3-1-1に示したとおりですが、その際に明確にしておかなければならない項目を六つ挙げます。

　　第一に「海外進出する目的は明確か？」・・・無理な進出は禁物。
　　第二に「販路・地域・顧客など、ターゲットは明確か？」・・・徹底的な事前調査をすること。
　　第三に「製品・サービスのニーズはあるか？」・・・ニーズに合ったものを提供すること。
　　第四に「製品・サービスの競争力はあるか？」・・・差別化、優位性、斬新さがなければ長続きはしない。
　　第五に「海外展開する際の課題は何か？」・・・自社の弱点を把握してリスクに備えること。
　　第六に「社内の意思統一がなされているか？」・・・社長の独断、担当者の独走があると失敗の原因になる。

　上記項目は中小企業にとって大変重要なことで、海外進出は新しい事業を興す心構えをもって取組まなければいけないということを強調しておきます。

② 直接投資から始める海外進出（飲食・サービス業）

　製造業とは違い、飲食・サービス業は現地で事業をすることが前提になりますので、始めから直接投資の海外進出となります。勿論、現地企業にブランドの使用を許諾したりノウハウを教えてロイヤルティ（使用料）をとる方法もありますが、評判を落とすことのないように事前に現地企業の経営状態や信用度を確認をして、現地ニーズに合った商品・サービスの提供ができる相手を選ばなければいけません。

ⅰ．現地調査の徹底

　現地の市場調査については前述しているので、ここでは現地の規制や法制度について留意点を挙げておきます。例えば、イスラム地域でのハラール認証や

インドのヒンズー教の様な宗教的な制限、進出国・地域の食材の輸入規制や通関体制、外国資本の出店規制（直営店舗数の規制など）、ライセンスの取得、板前など職人のVISA取得の規制、貸店舗のリース契約など、日本で開業するのとは違った課題があります。また、客層をどこに絞るかによっても提供する商品やサービスも違ってきますので、メニューやサービス方法を変える等の対応も必要となってきます。

　著者は米国（ＮＹ）に2度駐在した経験がありますが、始めの1980年代は未だ本格的な日本食レストランは少なく、人気のあるレストランはイタリア、スペイン、フランス料理店などで、日本食はメキシコ、韓国、トルコ、インドネシア等の所謂エスニック料理（アジア、アフリカの民族料理を指す）のカテゴリーに入っていました。2度目の2000年代は健康志向の住民が多い高級住宅街にあるスーパーでは、寿司や豆腐などが売られており日本食材の人気が高まっていました。その後、寿司屋、ラーメン屋、居酒屋、焼き鳥屋を始め日本食レストランが増えて、1980年代はＮＹ市周辺の日本食レストランは約200店舗と言われていたものが2010年にはＮＹ州に1,400店以上ありそのほとんどがＮＹ市周辺に集中していると報じられています[3]。日本食は東南アジアでも人気が高まり、出店が増えているようですが、先進諸国に比べ先に述べた規制などの課題はまだ多くあると聞きますので、十分に調査をして対策を講じて進出する必要があります。

ⅱ．現地向け商品・サービスの開発

　海外、特に中国や東南アジアには、日本でも知られた飲食・小売チェーン店が多く進出していますが、ターゲットとしている客層や出店場所によってメニューやサービス内容を変えて現地顧客を獲得する工夫をしています。例えば、中国に進出しているラーメン店の場合、日本では中華料理だけですが、焼き鳥や炒め物、和食などをサイドメニューとして提供しており、大衆向けというよりは高級レストランとして現地の人々に利用されていると聞きます。

　一方で、純粋な日本料理をサービスするところもありますが、客層は日本人

---

[3] JETRO「米国における日本食レストラン動向」2010年

駐在員や一部の富裕層に限られているところが多いようです。多くの日本食レストランは現地の人が好む様にメニューやサービスを変えており、東南アジアに進出したコンビニエンスストアは、そこで飲食ができるスタイルにしていることがTVで報道されていました。それが、何れ日本に逆輸入される日もそう遠くはないでしょうし、それがグローバル化といえるのでしょう。

ⅲ．大事な現地パートナー（提携先やアドバイザー）

2012年版中小企業白書によれば海外進出の必要条件として次のような回答があったと報告されています。

- 輸出を開始する為の必要条件（複数回答）
  1. 販売先を確保していること　　　　　　　　　59.8%
  2. 信頼できるパートナーがいること　　　　　　53.2%
  3. 輸出先の法制度や商習慣の知識があること　　47.0%
  4. 輸出先の市場動向について知識があること　　46.9%
  5. 輸出に詳しい人材を社内に確保していること　45.0%
- 直接投資をする為に必要な条件（複数回答）
  1. 企業に資金的な余裕があること　　　　　　　74.6%
  2. 輸出先の法制度や商習慣の知識があること　　63.0%
  3. 販売先を確保していること　　　　　　　　　54.5%
  4. 信頼できるパートナーがいること　　　　　　53.9%
  5. 輸出先の市場動向について知識があること　　44.8%

以上のように信頼できる現地パートナーや現地の事情に詳しい人材の必要性を多くの海外進出企業が挙げています。ただし、現地の経営を現地人に任せてしまうといろいろな問題が発生する可能性が高くなることも事実としてあり、その対応を忘れてはなりません。現地人に経営、特に会計は任せっぱなしにせず、駐在員に経営状態をチェックさせるとか定期的な日本本社による監査を行うなど、問題発生を防ぐ仕組みは必要不可欠です。

では、現地パートナー（生産委託先、販売代理店、合弁先企業や弁護士、会計士等アドバイザー）をどのようにして見つけたら良いでしょうか。多く見られるのが"コネの利用"といえます。例えば、親企業、取引先・知人のルート、

進出済み企業、等があります。親企業に追従する場合、親企業の要請によるものと自らの判断で積極的に進出するものがありますが、親企業の協力が得られるので現地への進出は比較的容易にできるといえます。ただ、ここで注意しなければならないのは、親企業の業績が悪化したり方針変更があった時に受ける影響が大きいので、進出後は親企業以外の販路を開拓する努力が必要です。

2011年に発生した東日本大震災やタイの洪水は、にわかにサプライチェーンマネジメントが注目され、そのようなリスクを回避するために複数社購買が当たり前になってきたことはご存知のとおりです。これによって一社に独占販売してきたメリットがなくなったといえますが、一方で同業他社にも販売できるチャンスが広がったともいえます。

次に取引先・知人のルートですが、仕入れ業者や商社或いは個人的な知り合いを通して紹介してもらうケースがあります。著者が真珠製品の輸出を担当していたときに台北に真珠専門店を合弁で出店（1995年）するプロジェクトを企画し実行しましたが、合弁の相手は著者の中・高時代の同級生（台湾から帰化）の親族が経営している企業でした。このプロジェクトは1997年に起こったアジア通貨危機により台湾においても景気が大きく低迷したため、結局翌1998年に撤退をしましたが、信頼できるパートナーであったおかげでスムースに撤退することができました。

最後に進出済みの日系企業に協力して貰う方法ですが、同業に近く競合する関係にあると、協力して貰える範囲にも限界がありますので、そのつもりでお付合いをすることが肝要です。

さて"コネがない場合"ですが、自社の存在をＰＲ（自社ＨＰや国内外の国際展示会への出展）して相手先の反応を見る「発信型」と、公的機関などを利用した「探索型」があります。「発信型」は自社ＨＰを外国語対応することから始めますが、国際展示会の出展は自社製品のＰＲが直接出来て客先の反応が得られるメリットがあり、またパートナー探しの手段としても有効といえます。海外の展示会への出展支援は、日本貿易振興機構（JETRO）や中小企業基盤整備機構のサービスがよく知られています。「探索型」は、JETRO、中小機構、金融機関、商工会議所などが支援しており、そこにあるデータベースで調査したりアドバイザーに相談することができます。現地の情報を得るための支援・施

第3章　個別テーマ分野別の経営革新対策

策についていくつか紹介します。
〈日本貿易振興機構〉
* ジェトロ海外情報ファイル(J-FILE)・・・世界約60カ国・地域のビジネス情報を集めたデータベースから必要な情報を入手できる。
* 海外ミニ調査サービス・・・国際ビジネスへの足がかりとしての取引先候補の外国企業検索、小売価格、制度情報、統計資料など、ビジネス情報収集の手伝いが得られる（有料）。
* 引合案件データベース (TTPP: Trade Tie-up Promotion Program)・・・国内外の企業が登録したビジネスに関する世界の商品・サービスが閲覧出来る。登録ユーザーは世界170カ国・5万人以上。
* 海外展示会出展支援・・・JETROが主催・参加する海外展示会のジャパンブースへの出展をサポートする。

〈中小企業基盤整備機構〉
* 商談会の開催（CEOネットワークプロジェクト）・・・日本企業との連携を希望する海外企業経営者等を招聘し、海外展開を目指す中小企業者との交流及びビジネスマッチングを実施。

また、海外のJETROや国際協力機構（JICA）の事務所や現地日本人商工会等の利用も有効といえます。

(3)　海外進出のリスク管理

　大企業に較べて経営資源で劣る中小企業にとって、海外進出はコストのかかる負担の重いものですが、更に制度、商習慣、文化の異なる地での事業は国内と異なるリスクが多々あることは繰り返し申し上げました。万一そのようなリスクにより、事業が予定通り進まず撤退をしなければならない場合、そのコストは大きく会社の存続を脅かすことになりかねません。海外進出する中小企業は、そうしたリスクを防止する方法やそのような状況に直面した際にどんな行動をとるべきか、事前にリスク管理体制を検討し構築しておくことが重要です。また、"撤退"についても、進出前の段階でその判断基準や方法、現地関係者との調整、費用負担などについて調査・検討をしておくべきことはいうまでもありません。

① リスクの分類

　ここでは海外事業展開のリスクを"カントリー・リスク"(進出企業にとって対応が難しい)と、"ビジネス・リスク"(進出企業にとってある程度は対応が可能)に分け、それぞれの要因を図表3-1-2の様に整理しました。

図表 3-1-2

```
                    海外事業展開のリスク
　[カントリー・リスク（対応困難なリスク）]
　　　政治・諸制度、経済変動、自然環境、文化・宗教、戦争・紛争
　[ビジネス・リスク（ある程度対応可能なリスク）]
　　　経　　営：人材、人脈、管理、市場、競合、情報、戦略
　　　商　　品：品質、技術、供給、開発、知財
　　　財　　務：売上、資金、決済、為替
```

　海外進出のリスク要因は、進出先、進出形態、事業分野、業務の種類、などによって異なり、数限りなく存在し多様ですが、経営資源の限られた中小企業にとってあらゆるリスクに備えることは大変難しいので、可能性のあるリスクを想定して対策を立てて防止することが有効です。それ等のリスク発生要因は次のように整理できます。

＊　調査不足による失敗
　現地のニーズに合わない製品やサービス、労働慣行や商習慣の違いによる生産性の悪さ、インフラの未整備や原材料調達の困難、安易な代理店契約の締結や現地パートナー（提携先・アドバイザー）の選定など

＊　現地での経営の拙さ
　現地パートナーとのトラブルや現地責任者の不正（権限を一人に集中させたり任せっぱなし）、労務管理や生産・品質管理など業務体制の問題、現地状況にそぐわない事業戦略（市場の変化や動向が把握できていない、戦略の見直しがなされていない）など

＊　人材不足による不十分な対応
　海外ビジネス要員の不足（日本本社に適した人材がいない、ヘッドハンティング等による技術者や優秀な人材の流出）、現地派遣日本人責任者の力量不

足、現地人材の確保難（採用難、高い離職率）など
* 政策・法制度や規制等
現地パートナーから適切な情報を得ていない、現地政府機関とコミュニケーションが取れていない、税制度等の認識の相違（移転価格税制や営業税の適用基準の違い）、人件費高騰や生産コスト上昇に対応ができないなど
* その他
資金力不足による不十分な対応（追加設備投資など）、日本本社とのコミュニケーションの問題（現地の経営実態を把握していない日本本社、日本本社の経営方針が現地に伝わっていないなど、必要な情報が適宜・適切に伝達される仕組みができていない）など

② リスクの予防策

最善の予防策は、前述したような海外進出の準備を万全に行うことといえますが、進出前と進出後の「予防策」と「対処策」について整理しておきます。
* 海外進出前にすべきこと（予防策）：
目的の明確化と十分な F/S(Feasibility Study)、段階的な海外進出（共同進出や貸工場）、現地提携先との契約内容（合弁の場合の損失負担割合や解散要件の明記）、監査制度の構築、知的財産権対策、保険の活用（貿易保険、PL保険）、など
* 海外進出後にすべきこと（対処策）：
内部統制（監査）の実施、日頃の市場調査、定期的な海外事業戦略の見直し、国内での情報収集（渡航に関する注意事項、進出国のビジネス情報）、現地での情報収集（現地社員、専門家、取引業者、日系進出企業の活用）、など
なかでも定期的な海外事業戦略の見直しや、業績が低迷したりその兆候が現れたときの海外事業の継続についての見直しは、おろそかにされがちですが、非常に重要なものであることを強調しておきます。海外事業戦略の見直しは規模の大きな企業ほど欠かすことの出来ない作業ですが、業績が悪化したときの海外事業の見直しは、企業の規模に関係なく客観的に進出企業のポジションを把握する上で必要です。そのフローを紹介します（図表3-1-3）。

図表 3-1-3

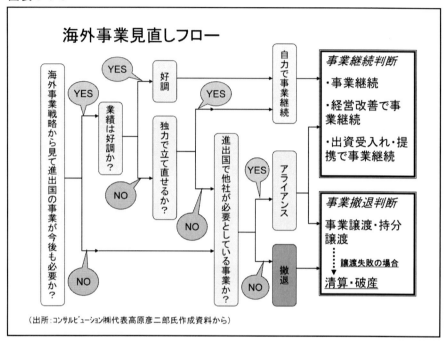

（出所：コンサルビュージョン㈱代表高原彦二郎氏作成資料から）

③ 撤退について

　海外進出はリスクの高い事業であり、事前に撤退の備えをしておくことは必ず行って欲しいと思います。では、どんな備えをしておけば良いでしょうか、代表的なものを3つあげます。

* 事前に撤退の判断をする基準を決めておく
  例えば、3期連続で赤字になった、累積損失が投資額を上回った等
* 撤退の仕方や撤退後の事業モデルも予め検討しておく
  例えば、事業の営業譲渡や別の国・地域（いわゆるチャイナプラスワン）で事業を継続する等
* 合弁の場合は損失の負担割合を決めておく
  例えば、折半にする等

では、実際の直接投資企業の撤退理由と、撤退における障害・課題はどんな

ものがあるでしょうか、中小企業白書2014年版から紹介します。
* 投資先からの撤退の理由（第3-4-33図から抜粋）
    a. 環境の変化等による販売不振
    b. 海外展開を主導する人材の力不足
    c. 現地の法制度・商習慣の問題
    d. 人件費の高騰などによる採算の悪化
    e. 従業員の確保・育成・管理の困難性
* 直接投資先からの撤退における障害・課題（第3-4-34図から抜粋）
    a. 投資資金の回収
    b. 現地従業員の雇用関係の整理
    c. 現地の法制度への対応
    d. 合弁先、既存取引先等との調整
    e. 現地政府等との調整

ここで注目して頂きたいのは、「売上の確保」、「人材の確保」、「情報収集」など、海外進出を検討するときと同じ課題が撤退理由でも見られることです。

2010年版中小企業白書には、『海外進出をしている中小企業の内約7割は直接投資を行う前に具体的な撤退計画は策定していない』という調査結果が載っていましたが、海外進出する企業が増えてくる中で撤退する企業も増加しているのが実情であり、事前の備えは失敗を防ぐ意味で重要といえます。

海外進出する中小企業のリスク管理の要点は次のようになります。
(1) 負担の大きい"撤退"の可能性を念頭におき撤退の基準を設定しておくこと
(2) 現地と日本本社とのコミュニケーションを良くして事業内容を把握し、適宜戦略の見直しを行うこと
(3) 就業規則、労働契約、賃金体系等を整え、現地の労務管理を徹底すること
(4) 内部統制（監査）の体制を構築して実施すること
(5) 現地パートナーや外部専門家（弁護士、税理士など）、行政、同業者等から情報収集を行うこと

(6) リスクが顕在化したらリスク評価をして回避の方針を決めること
(7) 撤退の判断は現地の専門家を加えて行うこと

（4） グローバル人材の育成

　海外進出において必要と言われる"グローバル人材"の確保・育成は、その事業の成否を分ける重要な課題といって過言ではありません。では、グローバル人材とは何か、中小企業においてどのようにして確保・育成をすれば良いかを中心に説明します。

① グローバル人材と異文化コミュニケーション

　海外で事業を展開する上で必要な能力は、ビジネス・スキル（業界・市場・商品知識、貿易実務、その他国際ビジネスで求められる能力）の他に、現地のことをいかに理解して適切な対応をしていくかの能力といえます。すなわち'異文化コミュニケーション能力'のある人材が必要ということで、国、地域、宗教などによって考え方やその方法は異なってくるため一概には言えませんが、基本的に次の3つに整理することができると考えられます。

　　ⅰ．客観的な事実を把握して、自分の価値観だけで理解しないこと
　　ⅱ．相手の文化を尊敬すること
　　ⅲ．自分の考えを発信する力を持つこと

　では、具体的にどのようなコミュニケーション能力が求められるのでしょうか。まずはなんといっても"語学力"が挙げられます。輸出入を中心とした初期的な海外進出段階では最も重要と言えます。そして海外に現地法人などの拠点を持って駐在員を派遣するようになると、"業務において"、"生活において"、"本社との間で"、などのコミュニケーションが大事になります。それぞれのコミュニケーションについて考察してみます。

　　＊　語学力：少なくともビジネスについては英語力は必須といえますが、現地に進出する段階になると、特にアジア地域においては英語よりも現地語の重要性が高くなります。
　　＊　業務において：現地の業務におけるコミュニケーションは赴任者にとって最も重要といえます。コミュニケーションの相手としては、現地

スタッフ、取引先、政府当局・官公庁などです。特に現地スタッフに対しては経営活動に影響するもので、やり方として「日本流を通す」か「郷に入っては郷に従う」の二通りが考えられます。会社の規模や仕事の内容によって異なってきますが、小規模な組織であれば後者の方が適合性は高いと思われます。取引先や政府当局・官公庁については、現地スタッフや元留学生など言語能力の高い人員を起用して対応するのが良いでしょう。

* 生活において：現地での生活においては、買い物や食事、近所のコミュニテイにおける会話などが中心となります。単身赴任者に良く見られるのは、ゴルフや飲食など日本人同士の付合いばかりしているケースです。これでは、職場で現地スタッフと良いコミュニケーションを構築することはできません。
* 本社とのコミュニケーション：多くの赴任者が本社に持つ感情として「OKY（おまえ、来て、やって見ろ）」があります。現地を知らない本社サイドの理解不足、故に陥りがちな極端な現場任せ、これ等によって生じる現場サイドの本社不信がこのセリフを生む訳ですが、「限られたリソースで責任ある最前線で仕事をしているから本社は助けて当たり前」と言う現場と、「現場だけ特別扱いにはできない」という本社とのギャップが原因と考えられます。この様な問題は、人事ローテーションや人材交流などを通して、本社サイドに現場の理解者を置くことが最善といえますが、本社幹部の出張やテレビ会議、社内報や非業務的な情報提供によるコミュニケーションで防ぐ様にすることが効果的といえます。

【コラム】　～グローバル人材について～

　日本の企業が海外進出をする上で大きな課題の一つにグローバル人材の確保がありますが、中小企業ではその60%がグローバル人材の確保に苦労しているという調査結果がでています。海外の需要を取り込むためには現地のニーズを的確に把握する必要がありますが、高品質の日本家電製品が新興国の製品に後塵を拝したケースは、現地の文化習慣を理解して適切なコミュニケーションが出来るグローバル人材の不足が原因であったといえます。
では、グローバル人材とはどのような人材をいうのでしょうか、文部科学省の「グローバル人材育成推進会議」は、グローバル人材について次のような概念整理をしています。
要素Ⅰ：語学力・コミュニケーション能力
要素Ⅱ：主体性・積極性、チャレンジ精神、協調性、責任感、使命感
要素Ⅲ：異文化に対する理解と日本人としてのアイデンティティー
その他：幅広い教養と深い専門性、課題発見・解決能力、チームワークとリーダーシップ、公共性・倫理観、メディア・リテラシー等
一方で企業が求めるグローバル人材としての素質、知識・能力とはどのようなものでしょうか。経団連の調査によりますと、
＊　　既成概念にとらわれず、チャレンジ精神を持ち続けること
＊　　外国語によるコミュニケーション能力
＊　　海外との文化、価値観の差に興味・関心を持ち、柔軟に対応する
＊　　企業発展のために、逆境に耐え、粘り強く取り組む
＊　　当該職種における専門知識
などがあげられています。
何れもコミュニケーション能力が大事であることを指摘していますが、外国人が見た日本人のコミュニケーション能力は少し違った見方をして興味深いものがありますので紹介します。著者が参画した東京都中小企業診断士協会の国際交流会に参加した外国人の意見です。
＊　　情報収集は上手いが情報提供が下手（米国人）
＊　　確かめないで直ぐあきらめる（米国人）
＊　　英語だけでなく現地語を憶える努力が足りない（インドネシア人）
＊　　自宅に招いて信頼関係を作ってからビジネスの話をして欲しい（ベトナム人、インドネシア人）
＊　　国や地域によって文化や商習慣が違うことを理解していない（中国人、マレーシア人）
海外で事業展開するためには、現地の文化・商習慣を理解して、粘り強くコミュニケーションをとることができる人間が重要といえます。
出所：文部科学省「グローバル人材育成推進会議中間まとめ」（2011年6月）
　　　経団連「グローバル人材の育成に向けた提言」（2011年6月）
　　　東京都中小企業診断士協会主催「国際交流会」（2013年2月）
　　　等から引用

第3章　個別テーマ分野別の経営革新対策

② 国内の海外ビジネス要員と現地駐在員

　中小企業の海外進出において、人材の確保は喫緊の課題といえます。先に見てきたようなグローバル人材を社内で育成することは難しいため、即戦力となる人材の採用をして対処をしている企業は少なからず見られるようになって来ました。具体的には、中途採用や第二新卒、女性、外国人留学生、OB人材など、能力や経験がある人材を採用して対応する企業を見ることができます。しかしながら、採用後の育成や配置・評価については、社内的に特別扱いをしているといった不利・不公平が生じることがありますので、一定のガイドライン等を作成して公表しておくことが望まれます。また、OB人材については、現役社員に較べて年齢的なハンディがありますので、海外への派遣や赴任は短期間にしてその間に現役社員を育てるといった様に、ある程度補完的・限定的な起用を考えるのが妥当といえるかも知れません。その会社の将来を考えると自社社員をグローバル人材として育成するのが最善でありますが、最も効果的な育成方法は現地で経験させることです。

　最後にニューヨーク日本人学校の生徒（中学3年生）の作文の一部を次のコラムで紹介します。この項に相応しい結論を身を以ってした体験で言い表しており、このよう若者が増えることを期待して止みません。

【コラム】　～日本人学校生徒の作文～
　この地に来て早四年となる。過ぎてしまえば早いものだが、この歳月の中で私は何ものにも変え難い多くのことを知り、学び、感動した。私は渡米する際に、「日本人学校へ行かなければ外国になんか行かない！」と両親に強く言った。
　　＜中略＞
　あの四年前に渡米してきた当初と比較してみれば私の視野は広がったと今確信している。アメリカに対して背を向けていた私が、今日この地とここに住む人々の心を受け入れ、生活しているのだ。この発見と喜びは、きっといつまでも鮮明に胸の内に残ることだろう。これを"国際化"だの"国際人"だのと定義したり、議論する必要は皆無だと思われる。敢えて言うならば、口やペンより実践だと私は考えている。何故なら、現状を知らなければ、何を言っても、国際人には成り得ないし、国際化を推進することなど出来ないからである。
　年々、海外に旅行したり、滞在する日本人はものすごい数で増幅しているが、果たして幾人の人達が、その異国の地や人々を知りえることが出来るだろうか。異文化の壁を越えなければならない私達帰国・海外子女にとって、これからの貴重な体験を生かし、世界の中の一人としての自覚を養わなければならないだろう。
出所：ニューヨーク日本人学校文集「Liberty Vol.14」1990年10月発行

（まとめ）
　日本の技術や文化はその完成度の高さから広く世界で評価され求められています。そのような商品やサービスは、日本の中小企業が得意とするところで、それを武器にして海外進出をすれば成長著しい海外の需要を取り込むことはそれ程難しいことではありません。しかしながら、異なる環境や想定できない変化、並びにリスクに対応していくことが求められ、国内で事業を拡大するよりも課題は多くハードルが高いのも事実です。この項では、それ等の課題を乗り越えて海外進出を成功させるために必要な準備や留意点などについて解説してきましたが、海外進出を検討する中小企業の経営者やそれを支援する方々に少しでも参考になれば幸いです。

2 人的資産管理(中小企業の人材活用戦略)

(1) 経営環境の変化と雇用情勢の動向

①最近の日本企業を取り巻く経営環境

　バブル経済の崩壊以降、日本における企業経営を取り巻く環境は厳しさを増してきていましたが、その後の失われた20年やリーマンショックの時の苦難の期間を経て、いま、ようやく成長に向けて動き出してきています。しかしながら、急激なグローバリゼーションの進展、情報革命によるIT技術の進化と情報量の激増(ビッグデータ)、そして少子高齢化の加速の顕在化などにより、企業経営は難しいかじ取りを余儀なくされています。

　このことは大企業だけの問題ではなく、中小・小規模企業の経営においては、より一層深刻な課題を企業経営者に突き付けているといえます。

　グローバリゼーションの急速な進展は、大企業の海外生産拠点への移転により、国内産業の空洞化を招いており、それに伴い国内の関連する中小・小規模企業の多くが疲弊するに至っています。また、情報革命の急速な進化・発展による先進的なIT技術やビジネスモデルは、企業における業務の効率化はもとより、戦略的な意思決定やマーケティングにおいて競合他社に対する差別化戦略を展開するうえでの重要な経営基盤となってきています。ビックデータ、クラウドファンディング、クラウドソーシング、ソーシャルイノベーション等がキーワードになっていますが、こうした新たな潮流に乗れない企業においては、かつての成長モデルがもはや通じなくなり衰退に追い込まれる恐れがあります。

　さらに、ここにきてこれまで懸念とされていた少子高齢化に伴う課題がいよいよ顕在化し、労働人口の近い将来に向けての激減等により雇用面や社会生活の各方面で深刻な問題を呈してきています。

②変化する日本の雇用情勢
i　少子高齢化の進展

　日本における雇用のあり方はいま大きく変わってきています。雇用の水準を示す失業率は、1990年代半ばまでは2%台を維持していましたが、それ以降は

次第に上昇基調となり、2000年代には4％台前後となっています。そして、日本はいま世界的にも類を見ない高齢化社会に突入しています。65歳以上の高齢化人口比率は、図表3-2-1に示すとおり1990年代半ば(平成7年)には15%程度でしたが、いまや25%を越えて、2030年(平成42年)には30%超になることが予想されています。

図表 3-2-1　高齢者人口及び割合の推移

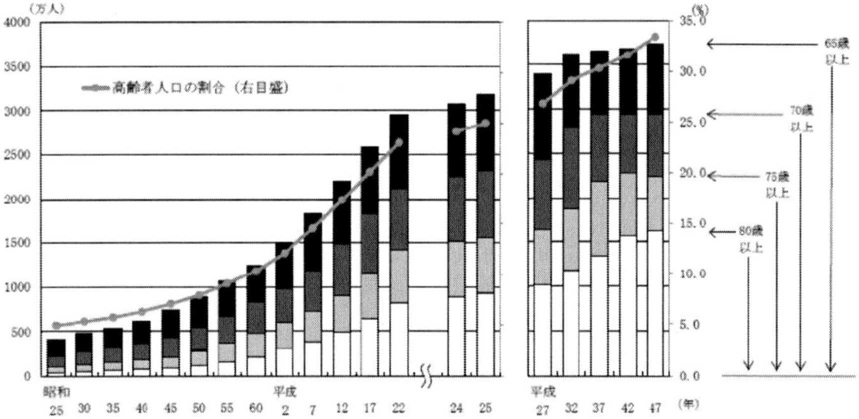

出所:総務省統計局資料

長期的に見て雇用者の絶対数の減少傾向は避けられず、現役雇用者が支えなければならない高齢者人口はますます多くなることが確実となっています。
　一方では、日本の高齢者の就労意識は他国に比べると高い水準となっており、日本の60歳代前半の男性の労働力率(働く意思のある人の比率)は75%で、欧米の20～60%に比較すると高水準になっており、健康寿命が大幅に延び、高学歴化が進んでいる現状を踏まえた対応策が必要となっています。

ⅱ　雇用形態の多様化
　雇用形態についてみると、1990年代半ばの雇用者の8割は従来からの正規雇用者(いわゆる「正社員」)でしたが、いまや正規雇用者の比率は7割を割り、

派遣労働者などの流動的労働者をはじめとする非正規社員等(パートタイマー、契約・登録社員)、その他労働者(テレワーカー、出向者)などの比率が増えてきています。また、男女共同参画社会の実現に向けた女性の活躍推進や外国人労働者の採用など多様な労働者雇用の形態が取り入れられてきています。

(2) 人事制度のフレームワーク

①人事制度のサイクル

人事制度は(人的資産管理あるいは、人的資源管理とも呼ばれます)、労働者が企業で働く場合の労働条件や福利厚生などのルールを企業全体として体系的に定めたもので、①人事管理の効率化、②労働者の保障と福祉の向上、③社員の活性化、④人材開発と配置の戦略化・効率化などを目的として、通常は図表 3-2-2 に示すようなフレームワークとなっています。

すなわち、採用⇒教育・研修⇒人事配置⇒評価制度⇒賃金処遇⇒能力開発のサイクルにより PDCA を回す仕組みとなっています。

図表 3-2-2　人事制度のサイクル

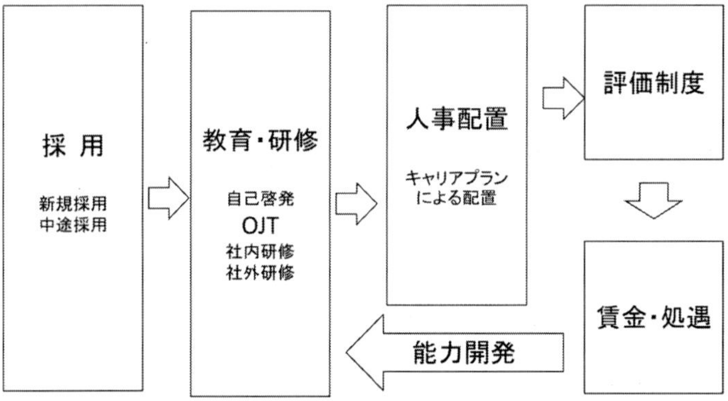

この PDCA のサイクルは、それぞれがバラバラではうまく機能しません。採用した貴重な人材を、能力開発である教育・研修を行うことにより一人前に育成し、適材適所への人事配置やジョブローテーションという成長の機会を得て、更にスキルアップし成長していきます。そして、適切な評価を行い、賃金

処遇に反映させてモチベーションの維持向上を図っていきます。こうしたPDCAサイクルを回すことによって、採用した人材はスパイラルアップによる人事制度のサイクルによって成長し、企業の重要な戦力人材として育っていくことになります。

　従来は人事制度というと、「効率的な労務管理」が中心でしたが、近年では企業の経営戦略の一環として「戦略的かつ効率的な人材育成」や「仕事と個人の調和の実現」などが重視されるようになってきています。

②日本の人事制度の変遷

　日本の人事制度はいわゆる『3種の神器』といわれる終身雇用、年功序列制度(賃金)、企業別労働組合の三つが特徴とされ、新卒中心採用、一律的な雇用スタイル、家族主義的経営などと合わせて日本型人事制度と呼ばれてきました。こうした日本独特の仕組みはかつての高度成長期における日本経済を支える強みでもありました。しかしながら、バブル経済崩壊後の経営環境の変化、雇用情勢の変化そして「人々の働く意識の価値観」の変化や少子高齢化、女性の活躍の増大等の新たな動きに伴い、人事制度も環境の変化に合わせた見直しが迫られ、図表3-2-3に示すように変遷してきています。

図表3-2-3　日本の人事制度の変遷

伝統的制度	平成好況期	平成不況期	方向性
新卒採用・終身雇用中心	新卒採用・終身雇用ゆらぎ	労働市場流動化 終身雇用崩壊	労働市場流動化？
年功序列	年功序列ゆらぎ	年功序列崩壊 実力主義	実力主義？
一律的な雇用形態	柔軟な雇用形態	多様な雇用・キャリア	多様な雇用・キャリア・価値観
家族主義的経営	家族主義的経営ゆらぎ	ワークライフバランス重視へ	ワークライフバランス必須

終身雇用制度については、日本の高度成長期にはうまく機能していたものの、雇用の流動性が活発になった昨今や成長の鈍化あるいは停滞期においてはそのままの仕組みでは、成り立ちにくくなってきています。

　若い世代の給与水準を抑え、中高年以降になってから増やす賃金制度の年功序列制度も1990年代以降、大手企業の多くで年功的な比重を下げ、成果主義などの実力主義を志向するようになってきました。しかしながら、導入した成果主義がうまく機能せず、その見直しを図る動きも出てきています。

　また、近年における企業間競争の激化に伴い、貧富の差の拡大や賃金の伸びの鈍化又は低下により、従来一般的だった「世帯主賃金・専業主婦モデル」が崩れてきているために、共稼ぎ世帯や非正規社員が増大傾向となっています。ここにきて、「仕事と生活の調和」を重視するワークライフバランスの重要性の認識が高まってきています。

　一時的にその仕組みが疑問視された日本型人事制度ですが、現在においてもメリットとなる内容も多く、中小・小規模企業においては後述するように大企業との差別化戦略として活用できる部分も多いため、自社の置かれている内部環境・外部環境に照らして、そのメリットを活かした人事制度を構築することが肝要であるといえます。

（3）　中小企業の人事制度における課題

　これまで経営環境の変化と雇用情勢、人事制度の変遷等について見てきましたが、中小・小規模企業の人材活用などを中心とした人事制度における課題について以下に見ていくこととします。

①ヒト・モノ・カネの不足

　大企業に比べればヒト・モノ・カネなどの経営資源が劣る中小・小規模企業にとっては、無いものねだりで嘆いてばかりでは成長を望めません。中小・小規模企業の経営者の中には、大企業のように「良い人材がいない」と嘆く人もいますが、人材の良し悪しについては「社員数が多いか少ないか・労働条件が良いか悪いか」などばかりではなく、経営戦略の方向性に合った適正な規模に応じた必要な能力を有する人材をそろえられるかによって判断されます。

　企業が成長し会社の商品・製品・サービスのマーケットが拡大すればそれに

伴って必要な人材が自動的に育つわけではありません。事業の拡大や戦略の見直しに伴って企業の人材像として求められるのは、量の拡大だけではなく質の向上も求められます。企業の成長プロセスに伴って必要な人材を量的並びに質的の両面から育成し確保していくことが求められます。

②賃金体系等の仕組みが脆弱な中小企業

　中小・小規模企業では、よく、賃金制度、評価制度、退職金制度、福利厚生制度が仕組みとして十分整っていないとか、現行の賃金制度に不満を持っている社員が少なくないなどの声を聞くことがあります。確かに、大企業のように労働組合のコンセンサスを得て、なおかつ人事コンサルタント専門家の手を借りてキチンと制度設計された仕組みを構築している中小・小規模企業は多くないようです。高邁な賃金理論や精緻な設計手法を駆使して作った制度も大企業には通用しても、中小・小規模企業では実行不可能なことが多いようです。中小・小規模企業では、中小・小規模企業のメリットを活かした身の丈に合ったシンプルで使いやすい制度が求められます。

（4）　人事制度の課題克服のための方向性

　大企業に比べヒト・モノ・カネなどの経営資源が劣る中小・小規模企業が、厳しい競争環境の中で生き残り成長を果していくためには、どのような戦略で劣勢を克服すべきでしょうか。そのカギは「人材活用」といえるでしょう。
　以下に課題の克服のための人事制度の方向性について記述します。
①人材の成長と合わせて会社を育てる
　日本の中小・小規模企業の中には、従業員の人材育成に力を注ぎ、カネではなく知恵を使って活き活きと事業を推進し、成長・発展している中小・小規模企業も沢山存在しています。
　経営者の経営理念の浸透度合いや従業員のモラールと、企業業績の相関関係が強いことについて多くのアンケート調査から判明しています。優秀な人材を引きつけ確保するためには、まずは、自社の経営理念・ビジョン・経営戦略を明確にし、『人材の成長と合わせて会社を育てる』という考えを持つことが大切といえます。そのうえで自社の商品・製品・サービスを魅力あるものに育て

そして会社を育てるという気構えがなければなりません。

②経営戦略と連動した人材戦略を組み立てる
　経営戦略にそって企業を円滑に運営するためには、それぞれの職務に適した人材を最適に組合せることが必要です。その人材タイプの分類として、図表3-2-4「企業における人材タイプの類型」に示す企業における人材構成マトリックスを活用することにより、自社で必要とする人材像の量的並びに質的な確保を検討するうえで参考にできると考えられます。この分類は、個々の企業の特殊性により必ずしも、一律に適合するわけではありませんが、現状の人材の充足状況とあるべき姿の状況を描くことで、どのような雇用形態で将来の人材の育成・獲得を計画すればよいかの指針となる手がかりをつかむことができます。

図表 3-2-4　企業における人材タイプの類型

	企業特殊的能力（低い）	企業特殊的能力（高い）
業務レベル（低い）	スタッフ型人材　<イメージ>　定型的業務、単純作業を担うスタッフなど	熟練スタッフ型人材　<イメージ>　業務の流れや仕組みを良く知る一般社員、一般マネージャーなど
業務レベル（高い）	スペシャリスト型人材　<イメージ>　法務、会計などの業務を担う専門性の高い人材、高度な技術を持つ人材など	プロデューサー型人材　<イメージ>　経営幹部（候補）、技術リーダー営業マネジメントのリーダーなど

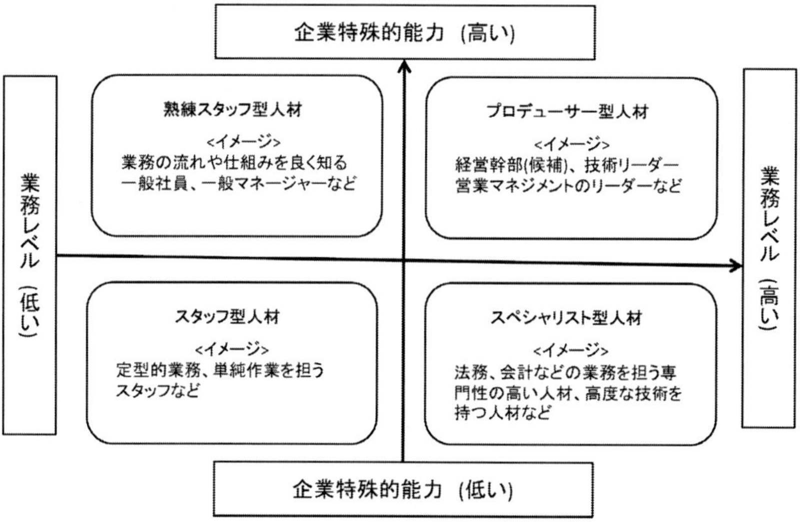

出所: 中小企業白書 2007 版　抜粋加筆

③中小企業ならではの強みを発揮させる
　実際のところ、中小・小規模企業で人材育成を中心とする人事制度の体系づ

くりを行うことは容易ではありません。ヒト、モノ、カネの面で大企業に劣る中小・小規模企業では、知恵や工夫でカバーして何としても「ヒトを育てる」という気風がなければなりません。大企業も含めどんな企業にとっても人材育成には特効薬はありません。だからこそ、中小・小規模企業では一刻も早くこうした対策に取り掛かる必要があります。

　縦の階層が深く横の専門分業が多数の大企業と比べ、中小・小規模企業は、意思疎通もし易く、むしろ、全員が若いうちから経営感覚を磨くことができ易い土壌を有しています。特に、個人個人の顔がトップに見えて、お互いにその仕事ぶりがわかる中小・小規模企業では、トップの熱意で人材のキャリア開発はでき易いともいえます。また、大手企業に比べればかなり低い賃金で、かつ3Kといわれるような仕事でも粘り強く我慢ができ、生活共同体のような家族主義的な雰囲気を好み、仲間のためにこつこつ頑張るという人材が支えてくれるという特質を有しています。

　神戸大学の鈴木竜太氏は図表 3-2-5 に示す「職場における小さな三つの行動」を提唱しています。この中で、鈴木氏は現場の小さな行動とは、①職場で困っている仲間を助けたり、後輩たちにわからないことを教えたりするような<u>支援行動</u>、②やるべきことをきっちり行ったり、職場でのルールや秩序を守る<u>勤勉行動</u>、そして③自分なりに仕事を工夫したり、自分の仕事における能力を伸ばしたりするような<u>創意工夫行動</u>の「小さな三つの行動」の大切さを提唱しています。こうした行動や文化の積み重ねがやがては組織の大きな力となり、土台づくりになっていくと述べています。

　中小・小規模企業は、大企業ほど制約条件が多くないため、小回りの利く機動的な活動をできるのが強みです。こうした強みを確実に活かすことにより、オンリーワン企業としての存在感を示すことが可能となります。

図表 3-2-5　職場における小さな三つの行動

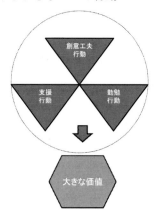

出所: Diamond Harvard Business Review 2014
　　　「関わり合う職場が生み出す力」鈴木竜太 著

【事例 1】　モノ作り人材の育成に取り組む企業の事例

　M 社(従業員 195 名)は、ニット編機部品、航空・宇宙機器部品、半導体製造装置・医療機器部品等の機械部品メーカーである。同社では、計画的なジョブローテーションの実施、外部への人材の派遣、経営陣自らが従業員とのコミュニケーションに努めることにより、人材の育成や定着に努めている。「(採用時点では)即戦力となる人材は採用できるわけがない」という前提に立ち、**入社後の社員教育**に力を入れており、高度な精密加工技術では日本で一流であると自負する技術を維持している。

　教育方法としては、入社直後は学歴に拘らず、必ず工場の現場で職人としての基礎的な技術を身につけさせ、**計画的にジョブローテーション**を実施している。特に従業員の技能士資格については、力を入れており、会社の工場の**設備を時間外に開放**するなど従業員の**自己研鑽の支援**を行い、従業員の 70%が技能士資格を取得している。

　また、育成のポイントを絞り、選抜された人材に対しては、中小企業大学校や大学院などに人材を派遣するほか、取引先の企業へ人材を派遣するなど**社内では育成できない能力の育成**に取り組んでいる。

　同社は「ガラス張りの経営」を意識し経営陣自ら従業員とのコミュニケーションに努めており、**従業員の定着率が高い**ことも高い技術力を持った従業員の育成の要素であると言える。

　出所：　中小企業白書(2007 版) 抜粋加筆

④人を大切にし、人を活かすネットワーク経営

　従業員に経営センスを身に付けさせるためには、信じて任せストレッチを掛けチャレンジさせるということが必要であり、任せるためには企業の理念・ビジョン、社長の考え方を若いうちから従業員に叩き込んでおくことが大切です。トップ自らが先生となり教育する、そのためにはトップがまず率先して勉強熱心であり、自らを成長させることに夢中でなければならないといえるでしょう。

　また、地域貢献や産学協同も利用できます。小さな企業では、起業家精神、実験と冒険、創意と工夫を存分に発揮すべきと考えられます。それには色々な人や組織団体等のパートナーの人材を組み合わせて「最適人材ミックス」を作り出すことが有効となります。企業を経営革新に導くには、第一に"大胆かつ鮮度の高い採用戦略"、第二は"いまいる人の能力を伸ばす"、第三に"人がいなくても増えなくとも利益の上がる経営を目指す"、第四に"小さな企業同士のネットワークを活かす"。突き詰めれば、「人を大切にし、人を活かすネットワーク経営」といえます。

（5）　少子高齢化に向けた対策

　少子高齢化による労働人口の減少が雇用問題では最もインパクトが大きいと考えられます。この問題を考える上で、

生産量＝　労働者の人数(労働力人口)×一人当たり労働時間×時間当たり生産性

について検討してみます。

　生産量は、上述の算出式のとおり、①労働者の人数×②一人当たり労働時間×③時間当たりの生産性によって算出されます。従って、生産量のアップは、①、②、③の三つのファクターのいずれかの組合せ又はすべてを上げることによって実現されます。少子高齢化の加速は、そのままでは、①の減少により生産量の低下を招き、やがては企業活動が立ち行かなくなることを示します。

　ここでのポイントの一つは、少子化トレンドによる若年労働者数の絶対数の

減少への対策として、高齢者の活用と女性の活用があげられます。これによって、労働人口を増やすことができます。もう一つのポイントの②労働時間については、長時間労働(あるいは過重労働)となっている日本の実態から考えると労働時間は短くする傾向にしなければならないといえますので、③生産性の向上施策を取り上げることが賢明な策と考えられるでしょう。

以下に、中小・小規模企業の業績に対して影響の大きい高齢者の活用施策と女性の活用施策そして生産性向上施策について見ることにします。

①高齢者の活用施策

公的年金の定額部分について65歳までの引き上げが完了することと平行して、雇用に関しても平成25年4月より従来の対象者限定の措置が廃止され(改正高年齢者雇用安定法)、例外なく希望者全員の65歳までの雇用確保を図る必要が生じることになりました。多くの企業ではいまだに「人件費コストの大幅な増加」や「高齢者に適した業務の開拓や確保」、「給与水準ダウンに伴うモチベーション低下」などへの対応が課題になっています。これを単なる高齢者雇用問題としてとらえるのではなく、働く意思と仕事能力のある人が年齢に関係なくできるだけ長く働くような「生涯現役」の社会を創るという観点でとらえることができます。

実は、中小・小規模企業の場合にはこうした「生涯現役」の社会への取り組みが従来から継続して行われている例が多く見られます。中小・小規模企業では、定年退職制度がない企業や、定年退職制度があったとしても65歳又は70歳という企業もあり、定年も柔軟に運用して、働く意思と仕事能力のある従業員には、定年後も働き続けてもらっている企業が多いといわれています。

なぜ、中小・小規模企業は、「生涯現役」が可能かといえば、一つには賃金が大企業ほど年功的ではなく、高齢者を雇い続けてもあまりコスト高にならないこと。また、二つ目としては中小・小規模企業では、ベテランの人の能力をリーズナブルなコストでしっかりと活用するノウハウを持っているともいえます。そして、ベテランと若い従業員がうまく組み合わさって仕事を進めているということがいえそうです。

したがって、高齢者に関する雇用の問題は、大企業に比べるとむしろ中小・

小規模企業にとっては、これまでのやり方を一層うまく進める仕組みを取り入れることによって更に高齢者の活用の促進を図り、事業展開を有利に進めることが可能となるといえます。

みずほ総合研究所のレポートによれば、こうした発想に立って、高齢者の戦力化を進めていくための主なポイントを以下のように紹介しています。

高齢者の戦力化のポイント
①高齢者ごとの経験・適正・志向の違いを考慮した活用の選択肢を用意する。
②活用の選択肢に応じて、志向と活躍に見合った公正な処遇によって報いる。
③若手・中堅のうちから、上司・部下間のコミュニケーションにより、キャリアを意識させる。

もう少し具体的にいうと、前掲の図表 3-2-4「企業における人材タイプの類型」に示す企業における人材構成マトリックスなどをもとに、「当社のこの事業には今後こんな人材がこれだけ必要」ということを明確にして、高齢者の活用・配置を考えるのがよいと思います。

なお、高齢者活用で考慮しておく必要のある留意事項は次のとおりです。

・定年を迎える前の人事措置の実施
・年齢軸に捉われない人事管理
・「保障と拘束の関係」から「自己選択できる関係」へ移行
・生活側面ではなく仕事に報酬を払う
・役割期待の明確化と公平な評価、処遇の透明性、納得性
・高齢者の能力開発の支援の継続
・多様な価値観や働き方の受容

②女性の活用施策

　労働の担い手として期待される女性の場合、結婚・出産期に就業が低下するという、いわゆる M 字カーブの解消が課題でした。しかしながら、最近において、図 3-2-6 の女性の年齢階級別労働力率(10 年前比較)に示すように 20 代後半～40 代前半を中心に女性の労働力率(就業率)は徐々に上昇の傾向を見せ

ています。背景には、女性が参入しやすいサービス業の求人数増加といった産業構造の変化や、子育てと仕事を両立できるような企業側の環境整備が少しずつ進んできていることと、女性の晩婚化・晩産化などによる考えられます。しかし、欧米各国に比較すると日本における女性の就業率の絶対水準はいまだに低いレベルにあります。OECD(経済協力機構)の調査によれば、日本の大卒以上の女性が就業していない割合は、約3割に上り、OECDの平均である2割を大きく上回っており、高学歴の女性が日本ではその潜在力を十分に発揮していないといえます。一方では、非正規労働者等の短期労働の割合が高まっています。

図表―3-2-6　女性の年齢階級別労働力率(10年前比較)

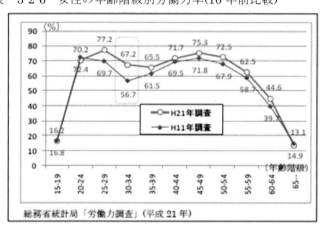

厚生労働省の「平成25年度雇用均等調査」によれば、管理職以上に占める女性社員の割合は、全体(社員30人未満を除く)で見ると、わずか6.6%となっています。しかし、家族経営や同族経営などの場合は、社長の奥さんや姉妹が役員や管理職になっている企業が少なくないため、社員30人未満の企業では16.5%となっており規模が小さくなるほど、女性を戦力化していることがわかります。ただし、女性の能力発揮促進のための企業による自主的かつ積極的な取り組み(ポジティブアクション)をしている企業は、規模が小さくなるほど少なくなっています。

こうした状況の中で、政府は「女性の活躍推進」を日本の成長戦略政策の柱の一つに掲げ、女性の活躍を促すことで日本の現状を変えて、持続的な成長につなげたいという考えを打ち出しています。女性が職場でさらに活躍できるように、仕事と子育ての両立支援に取り組む企業への助成制度や保育園などの待機児童解消に向けた環境インフラの整備などの支援を強化しています。

　社会環境の変化に伴い、企業と市場の関係も大きく変化してきました。特に女性の社会進出が盛んになるにつれて、女性が消費者を代弁するようになり、かつ女性の経済力の高まりによって商品の購買決定権の女性へのシフトが顕著になってきています。新たな市場ニーズに密着した企業活動を行っていく上で、女性の感性やきめ細かなサービス力などを活かしていかないと販路拡大や新商品の拡大が難しくなっているといえます。ここにきて、「女性を活かせる会社でなければ生き残れない」という時代になってきたといえるかもしれません。

　中小・小規模企業にとってなお一層の女性の積極的な活用を推進することは、これまでの女性活用の割合が高いという特質を活かすことにより、大規模企業との差別化戦略としても大きな武器になるといえます。

　女性の戦力化の実現のために留意する主なポイントは以下のとおりです。

女性の戦力化のポイント
①昇進・昇格の機会均等、評価制度・賃金制度の再構築
②教育・研修などの機会均等
③母性保護施策の充実
④ワークライフバランス（働きやすい環境）への配慮
　女性が働きやすい職場は、男性も働きやすい
⑤男女が共に成長する風土の醸成

---

③生産性向上施策

　少子高齢化に向けた対策のもう一つのポイントは、生産性の向上があげられます。すなわち「時間当たりの生産性」を高めていくことが対策の有力な選択

肢となります。賃金効率の面から生産性をとらえると「賃金コストがどれだけの付加価値を産むか」に帰結し、それを表す指標としては「賃金生産性」があります。

賃金生産性は次式で表されます。

$$賃金生産性 = \frac{付加価値}{賃金コスト}$$

この賃金生産性の式を分解すると、以下のようになります。

$$賃金生産性(\uparrow) = \frac{付加価値(\uparrow)}{賃金コスト(\downarrow)}$$

$$= \frac{売上(\uparrow) - 外部購入額(\downarrow)}{時間(\downarrow) \times 時給(\downarrow) \times 雇用者数(\downarrow)}$$

賃金生産性を向上させるためには、
　①付加価値の向上
　　■売り上げの向上
　　■外部購入額の削減
　②賃金コストの削減
　　■時間の短縮
　　■賃下げ
　　■雇用削減

があげられますが、従業員にとっては「賃金」や「雇用」は生命維持の糧であり、生活安定・安心の源であることを考えると、「賃下げ」や「雇用削減」は緊急時の非常手段と考えておくべきでしょう。

そうすると、「売上の向上」「外部購入額の削減」が賃金生産性の向上にとっての正攻法と考えられ、かつ作業改善による「時間の短縮」と合わせて、施策

を展開することが考えられます。このためには、より高い付加価値を持った製品やサービスを作り出す能力を保有することが鍵となります。この実現には、技術力、設備、ITの高度化などがあげられますが、こうした仕事を行うにはそれを実行する優れた戦力となる人材が必要になることにやはり帰結します。

結局、賃金生産性の向上を実現していくためには、能力の高い従業員が必要となり、この点からも企業における人的資産管理(または人的資源管理)における『能力開発』の重要性がわかります。

なお、賃金・雇用改善・能力開発などの対策を講ずる際には、政府や自治体の中小・小規模企業に対する助成・支援制度等を有効に利用することも考えた方がよいでしょう。

(6) 中小企業の採用活動

採用は企業の経営戦略に基づいた人的資産管理(マネジメント)の一部であり、企業が採用について考える際には、独立した活動としてとらえるのではなく、採用から退職までのトータルな人的資産管理(マネジメント)として検討すべきです。すなわち、経営戦略に基づく経営目標を達成するために、どのような技術や知識、能力、行動、価値観などをもった人材が必要であるかを明確にしておく必要があります。そのうえで、どのような方法で人材を獲得し、どのような雇用形態で処遇し、どのようなステップやキャリアで育成していくかを考えておく必要があります。

日本では大企業を中心として、新卒一括採用を行い、入社後に企業内の教育・研修により社員を育てるという慣行が長らく続いてきていました。欧米には少ない新卒一括採用は、実は日本の若者の失業率を抑える点でも貢献してきました。また、企業は入社後の教育・研修に対して必要なコストをかけても、教育投資を上回るような将来の生産性を上げることを期待して、人材育成を進めているといえます。一方では、転職などの雇用の流動化に伴い、企業内で人材育成するよりは、一定レベルのスキルを保有する外部人材を中途採用する方が効率的で投資コストも少ないと考える企業も増加しており、企業内で仕事の能力を高めるための教育や訓練がこれまでのようには行われないという事態も起きています。一定のスキルや能力を有する人材を必要に応じて調達すると

いう考え方で、いわゆる、「人材争奪戦争 War For Talent」と呼ばれる人材獲得合戦です。

しかし、企業の付加価値競争を左右するのは、お金では買えない自社で育てた優れた人材が重要な経営資産となることで、競争優位性を発揮する差別化戦略を展開できるともいえます。人材を「資源」として調達するか自前で「資産」として養成するかという二つの選択肢がここにあり、各企業とも悩ましい判断を要する課題といえます。

こうした中で、企業の採用方法はますます多様化しており、ヒト・モノ・カネ等の経営資源が劣る中小・小規模企業では、ここでも知恵と工夫により採用戦線を戦っていく必要があります。新卒一括採用、中途採用、通年型採用、職種別採用、インターンシップ等の最近の多様化している採用方法の中から、自社の置かれている経営環境(内部・外部)に応じてトップ自らがリーダーシップを発揮し、全社一丸となって採用活動を進めていくことが肝要となります。

【事例2】　インターンシップを実施したことによって若手人材の確保に成功した企業の事例

S社(従業員27名)は、船舶機関用部品、発電機用部品等の製造・加工を行う企業である。同社は、大手製鉄メーカーとの各種素材の共同で蓄積してきたノウハウを活かして、他社には真似のできない、あらゆる金属素材の加工技術を強みとしている。

同社は新卒採用に積極的であり、地域の工業高校からの要望に応えて、**インターシップによる学生の受け入れ**を行った。同社のインターシップは、集合形式の研修ではなく、学生にものづくりの現場を見てもらうことを重視している。就業経験のない学生に**ものづくりの魅力を伝える**ことで、イメージを具体化してもらうことができ、学生間での**同社の認知度向上**にも効果があった。こうした取り組みにより、地域の工業学校からは、毎年入社希望の学生10名程度の応募があり、その中から継続的に新規採用をしている。

また、インターンシップは、学生への指導等を通じて、**社員向け教育ツールの作成に役立った**ほか、技術者の指導力が向上するなどの、副次的な効果も得られている。

出所：　中小企業白書(2012版) 抜粋加筆

(7) 中小企業の賃金制度

　中小・小規模企業では、まず経営ありきであり、その経営を円滑に支えるための仕組みとしての賃金体系等を考えていくことが大切です。少人数の幹部や従業員で社業を分担していることを考えると、現場の管理者や従業員にも容易に理解でき、かつ手軽に運用できるシンプルな仕組みとすることがポイントになります。先にも述べたように、高邁な賃金理論や精緻な設計手法を駆使して作った制度も大企業には通用しても、中小・小規模企業では実行不可能なことが多いと考えられるからです。中小・小規模企業では、小回りの利く機動力を存分に発揮できるための身の丈に合った制度や仕組みづくりが求められます。

　元気な会社では、従業員からみて客観的で公平な評価制度が導入され、賃金体系も従業員のやる気を喚起するコンパクトな設計となっていて組織運営をうまくバックアップしています。

　日本の高度成長経済を支えた『三種の神器』。その一角であった年功型賃金体系は時代の変化とともに、現状にそぐわない面も出て、能力主義や成果主義賃金体系へと変遷してきましたが、最近になってその成果主義賃金体系も疑問視され、「むしろ日本型年功序列に回帰すべき」という論調も多くなっています。

　中小・小規模企業の場合は、規模が小さいだけにトップである社長から第一線の従業員までの意思の伝達は速くかつ小回りの利く機動性という長所を活かせるような評価制度や賃金制度を設計することがポイントになります。その検討の際には、中小企業診断士　糸賀大氏が自著「人材育成型賃金制度」の中で提唱する『役割期待対応型の賃金体系』が中小・小規模企業の賃金体系を考えるうえで参考になるでしょう。

　役割期待対応型の賃金体系の特徴は、①現場主義をとる、②できるだけシンプルにする、③運用がしやすいようにする　という内容になっており、理論より現場の実態に合わせる仕組みになっています。この体系には、「企業の発展」と「そこで働く従業員の幸せ」が一体となる日本的経営の良さや中小・小規模企業の長所を再認識して、その長所を引き出そうとする思いをこめて人事制度のフレームワークが設計・構築されています。

（8） 元気な中小企業の取り組みと価値観

　中堅・中小企業を元気にするという社会的な使命を掲げ、オーナー経営者のための情報を提供することに徹してきている「日経トップリーダー」誌では、「日本トップリーダー・人づくり大賞」を発表しています。この事業では人材育成に優れた中堅・中小企業とその経営者を表彰することによって、人づくりの大切さやその手法を世に広めることを推進しています。

　『人づくり企業2014年』によれば、ノミネートされた18企業の人づくりの手法を分析した結果、次のような三つの共通点があると報告されています。

- 共通点1　一律教育ではなく、個別教育に重きをおく
- 共通点2　経営者の情熱を仕組みまで昇華する
- 共通点3　持続的な人材育成のために財務を徹底強化

　こうした先進的な取り組みや手法は、自社の人的資産管理を進めていくうえで、参考になるものと考えられます。特に、「人づくりと財務強化は車の両輪の関係にある」というメッセージは、示唆するものが大きいと考えられます。また、長沼博之著「ワークデザインこれからの<働き方の設計図>」の中で著者の長沼氏は三つの働き方の価値トレンドを発表しています。

- 一つ目はグローバル経済の中で自社の影響力を大きくしていく
- 二つ目は自分のやりたいことを仕事にしながら、俊敏性を持ち、ネットワークを重視して生きる
- 三つ目は苦しむ人たちを助けたいという強い思いで、生きる意味と働く意味を一致させる

ということです。

　先行きが不透明で混沌とした時代の現代ですが、企業の人的資産管理を考えるうえには、今後ともこうした複数の働き方や生き方の多様な価値観が常に存在していることを注視しておく必要があると考えられます。

3．資金調達にかかわる留意点

　企業を成長させていく過程での最重要課題の一つはどのようにして必要な資金を調達するかです。とくに銀行借り入れを念頭に置きそれを極力円滑に進めていくための留意点について、以下重点ポイントをいくつか取り上げて検討していきます。

（1）　ビジネスモデルと収益構造の見極め
　経営革新に臨む中小企業は、上場企業や大企業のように多くの事業を有し、選択と集中するだけの経営資源の余裕がありません。自社のビジネスモデルと収益構造について十分理解したうえで新事業戦略を検討することが求められます。
　そこで具体例を用いてビジネスモデルと収益構造について考えてみましょう。
　ここでは、過年度に渡る経営成績が開示されていることから上場企業であるファーストリテイリングと高島屋を取り上げます。両社の収益構造の違いは、ビジネスモデルの違いを理解することに役立ちます。

第3章　個別テーマ分野別の経営革新対策

図表—3-3-1　ファーストリテイリング　収益・利益の推移

(単位:百万円)

ファーストリテイリング	売上高	営業利益	経常利益	当期純利益
平成21年8月期	685,043	108,639	101,308	49,797
平成22年8月期	814,811	132,378	123,755	61,681
平成23年8月期	820,349	116,365	107,090	54,354
平成24年8月期	928,669	126,450	125,212	71,654
平成25年8月期	1,143,003	132,920	148,979	90,377

出所：株式会社ファーストリテイリング決算短信

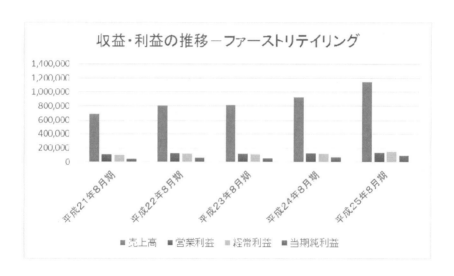

図表—3-3-2　高島屋　収益・利益の推移

(単位：百万円)

高島屋	売上高	営業利益	経常利益	当期純利益
平成22年2月期	877,762	13,428	16,764	7,709
平成23年2月期	869,476	18,173	22,484	13,849
平成24年2月期	858,123	21,099	24,355	10,895
平成25年2月期	870,333	25,476	29,866	16,540
平成26年2月期	904,180	29,099	33,350	18,716

出所：株式会社高島屋決算短信

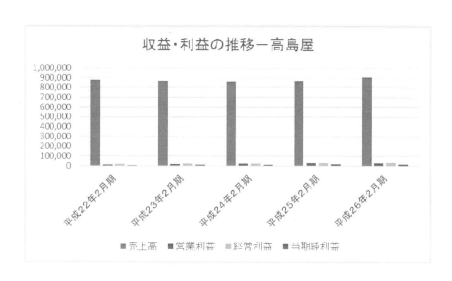

第3章　個別テーマ分野別の経営革新対策

図表—3-3-3　ファーストリテイリング　利益率の推移

ファーストリテイリング	自己資本当期純利益率	総資産経常利益率	売上高営業利益率
平成21年8月期	19.1%	23.3%	15.9%
平成22年8月期	22.6%	22.5%	16.2%
平成23年8月期	18.1%	20.6%	14.2%
平成24年8月期	20.4%	22.2%	13.6%
平成25年8月期	19.1%	20.1%	11.6%

出所：株式会社ファーストリテイリング決算短信

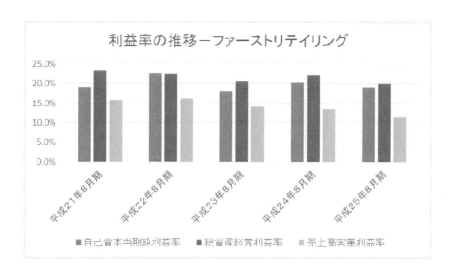

図表—3-3-4　高島屋　利益率の推移

高島屋	自己資本当期純利益率	総資産経常利益率	売上高営業利益率
平成22年2月期	2.7%	2.2%	1.6%
平成23年2月期	4.7%	2.8%	2.2%
平成24年2月期	3.6%	3.0%	2.6%
平成25年2月期	5.2%	3.7%	3.1%
平成26年2月期	5.4%	3.9%	3.4%

出所：株式会社高島屋決算短信

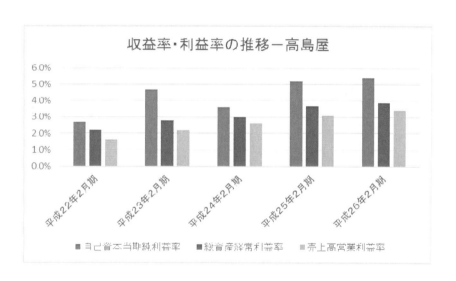

　両社の決算期にはずれがあるものの、ファーストリテイリングの成長力と利益率の高さが明らかに示されています。消費者として両社の成長力や勢いの違いを感じる以上に経営成果における成長力の差が大きいと思われるのではないでしょうか。
　ともに衣料品を取扱うという点では一致していますが、百貨店が様々な所得

層、ニーズに応じた衣料品在庫を保有している点、また、衣料品以外の様々な商品を取扱う点は衣料品専門店であるファーストリテイリングとの違いとして考慮する必要があります。多様な商材、良質な商品、高級品を取扱うことで百貨店は消費者の趣向の変化に対する抵抗力を発揮し、安定的な収益をあげてきました。しかしながら近年は、有名ブランドの専門店に対するテナントレンタルが増加し、その点では、不動産業や不動産賃貸業としてのビジネスモデルが強く現れるものとなっています。

このような百貨店ビジネスに対し、ファーストリテイリングは、当初、標準的な品ぞろえ、低価格で躍進していきました。特徴的なデザインの店舗をよく目にすることから小売業の印象が強いのですが、ファーストリテイリングは製造小売業（SPA[4]）です。百貨店が一部のオリジナルブランドを除いて、高所得者層を中心とした流通業として市場を主要都市や駅前という地理的な「面」として捉えているのに対し、ファーストリテイリングは、低コスト製造と機能性、デザイン性や柔軟性に優れた標準品を製造し、それを効率的な物流機能で流通市場に対し提供することで、市場を「面」として捉えているだけでなく商流、つまり、川上、川中、川下を一気通貫した「線」としても捉えています。

では、このような両者のターゲットとする市場の違いを理解した上で百貨店ビジネスとファーストリテイリングのビジネスモデルの違いを理解するために、流通業と製造業における売上原価や売上総利益の視点で見ていきましょう。売上総利益は粗利とも呼ばれ、一般に製品、商品の収益力を示すものです

売上高－売上原価＝売上総利益

売上単価×売上個数－仕入単価×売上個数＝売上総利益

（注）売上原価は、会計上の「費用収益対応原則」から販売した商品個数のみ売上原価として原価認識されることから仕入個数を仕入単価に乗じるのではなく、売上個数を仕入単価に乗じています。なお、上記式は読者の理解を促すための単純化した式である点ご了承願います。

---

[4] SPA とは specialty store retailer of private label apparel の略で製造小売ともいい、企画から製造、小売までを一貫して行うアパレルのビジネスモデルを指します。消費者の嗜好の移り変わりを迅速に製品に反映させ在庫のコントロールが行いやすいなどのメリットがあります。

流通業のビジネスモデルはシンプルに表現すると、「仕入れて売る」ことです。したがって、安く仕入れ高く売れれば儲かるわけです。また、単価に占める商品の利ざやは仮に低くても大量に売ることで稼いでいくこともできます。では、安く仕入れるための百貨店の強みはなんでしょうか。百貨店の持つ「ブランド力」は販売上の強みと考えるとすると、(輸入品等に対する為替の影響を除けば)仕入先に対する「交渉力」が代表的な力でしょう。この「交渉力」はどのように発揮されるのでしょうか。仕入先に対する圧力や強硬な態度は一時的には機能しても長続きしません。大量購買によるディスカウントが挙げられるかもしれませんが、過剰在庫は翌期の費用増加の原因になりかねません。

　むしろ、著者は百貨店のバイヤー(仕入れ担当者)の目利きこそが付加価値を作り出すと考えています。かつての伊勢丹のビジネスモデルに見られたように、今まで日本の百貨店では取扱われていない海外の商品や最先端なファッションは、高所得者層が集まる日本の百貨店に陳列したいという海外ブランドの希望もあり、百貨店の買い手としての力が有利に働いてきました[5]。

　この百貨店の成功モデルは日本の高度成長期やバブル経済期に有効な戦略でしたが、バブル崩壊後のデフレ経済では機能しませんでした。今振り返れば外部経営環境の変化に対しビジネスモデルを根本的に見直すことができなかったことが低収益の原因ということができるでしょう。これは過去の成功が忘れられない経営者と、戦略を軽視する経営がもたらした過ちでもありました。かつてピーター・F・ドラッカーは戦略を「やらないことを決めることである」と表現しました。したがって百貨店においては特定の顧客層を意識した特化した取扱商品の店舗や、収益性の高い商品への絞込み等選択と集中を行うことが戦略として検討されるべきであったのでしょう。

　しかしそれは後講釈であるともいえます。相場の格言に「山が高ければ谷も深い」という教えがあるのですが、当時は経済の専門家や相場師ですら、２０年に渡る長い景気低迷を予測することはできませんでした。それも、リーマンショックやギリシャ問題等を契機として他の欧米諸国までデフレ状態が広が

---

[5] マイケル・ポーター氏の5 Forcesにおける売り手の圧力、買い手の圧力を参考にしたものです。

ったわけです。日本のバブル経済崩壊はかつてない世界経済の危機の予兆だったのです。ですから百貨店の経営者ばかりを責めるのは酷です。現にそのような環境下においても百貨店は徐々に外部経営環境に適応していきました。その戦略はデフレ下でも根強い人気を持っている有名ブランドに専門店出店を促し、売り場賃貸料を得るというのは当時においては経営の安定性を高めるために必要な戦略だったのです。

一方で、ファーストリテイリングのビジネスモデルは、新興国の低賃金など低コスト生産を可能にすることでデフレ下でも高収益を実現するというものでした。成長期の初期段階では、消費者から「安かろう悪かろう」のイメージが付きまとったファーストリテイリングの中核ブランドであるユニクロの商品ですが、当時から低価格は品質に妥協したことで実現したものではなく、積極的な新興国における生産活動がもたらしたものでした。

このような風評にもめげず柳井社長の信念は一貫しており、戦略は明確でありかつブレのないものでした。価格帯、標準的モデルとそのバリエーション展開は「フリース」という暖かく着心地がよく軽い素材でかつ、安価である大ヒット商品を生み出しました。「フリース」は幅広い年齢層に受け入れられました。GMS[6]も、そのヒットにあやかろうと類似品を販売しましたがユニクロのデザイン性や確立したブランド力には及ばず、ヒットは長続きしませんでした。さらにユニクロは「ヒートテック」「エアリズム」「ストレッチ素材」等、衣料品の「機能」に価値を加えてきました。従来、衣料品に期待するのはブランド、デザイン、品質、価格が中心でしたが、そこに、「機能」を付け加えたのです。著者はこの点がファーストリテイリング成功の鍵だと考えています。付加価値を「機能」に与えることが衣料品市場ではブルーオーシャン[7]だったのです。さらに新興国で製造していながらも品質が安定しているため、ユニクロの成長は製造拠点だけでなく販売拠点をグローバル化させ、既に有名アメリカンカジュアルブランドの売上をも凌いでいる状況です。著者がかつてニューヨーク、中

---

[6] General Merchandise Store の略で総合小売業を指します。中間所得層の客層に重点をおき、大量販売をめざす小売店です。
[7] ブルーオーシャンとは、競争企業が気づいていない市場です。そこには血なまぐさい価格競争が繰り広げられる市場（レッド・オーシャン）ではなく、当面の間高い収益率が得られる自社が開拓した市場や技術があるという最近のマーケティング理論です。

国、韓国のユニクロのショップをのぞいたところ、ユニクロは他のカジュアルブランド商品と比較しても安価なプライシングとは言えませんでした。ですから、ユニクロブランドの価格帯は手頃ではありますがグローバルには安売りの印象は払拭されているのです。

さて、ファーストリテイリングが次に打った戦略はより安いプライシングの新ブランドを立ち上げることでした。これが成功するかは今後の業績を楽しみにするとしましょう。

筆者が財務関係の講義においてファーストリテイリングと百貨店を例に取りあげ、成長性と収益性について講義をすると両社の格差に驚かされる受講者が多く見受けられます。やはり、消費者が衣料品を意識するときにビジネスモデルまで思いをはせることは少ないからでしょう。

なお、前掲しましたファーストリテイリングの資本利益率は、欧米投資家が期待するROE（株主資本利益率）水準（おおよそ２０％と言われております）にはおよびませんが、１０％を超える相当に高く安定した水準であります。ちなみに日本企業の経営者が掲げるROEの目標水準は１０％程度が多いと思われます。現実的にはROEで１０％以上の実績を上げている企業は多いとは言えません。

以上を総合すると、高島屋をはじめとする百貨店は高級ブランド専門店に売り場を賃貸することがビジネスモデルとして定着してしまったため、収益性も不動産賃貸業水準の「安定型低収益構造」となっています。一方、ファーストリテイリングは大量販売型ですが低コスト生産ができたため収益性は高く、衣料品に「機能」の付加価値をつけたことでコスト競争に陥らないでグローバルな展開を進めることができたという「成長型高収益構造」のビジネスモデルが実現したと言えるでしょう。

ビジネスモデルと収益構造の競合先との違いのポイントについてよく把握・究明し先行きの見通しについて説明する。なるほどと思わせる納得の得られる施策方針と計画数値を示し、融資先の説得にあたることが重要です。

（２）　高収益型ビジネスモデル実現のための最低条件

では、そういう高収益型ビジネスモデルを実現するために最低条件何が必要なのでしょうか。ファーストリテイリングの例を参考にしていただいた上で、

筆者が一つ挙げろといわれれば「メガトレンド」に乗っているか否かです。間違っても「メガトレンド」に逆らわないことです。

「メガトレンド」とは、将来１０年程度にわたって必然的に生じる外部環境変化のトレンドであると考えてください。例えば、デジタル化、無線化、少子高齢化、地球温暖化、エネルギー資源の多様化、新興国の成熟化等です。また、諸外国においてはそれぞれ固有の「メガトレンド」があり、さらにグローバルに共通する「メガトレンド」があります。

では、中小企業が「メガトレンド」を作り出すことはできるのでしょうか。ITを駆使したイノベーションによってトレンドを作ったという例は、欧米にみられますが、一般的な中小企業において「メガトレンド」を作ることは身の丈に合うものとは言い難いでしょう。

むしろ「メガトレンド」は利用すべき環境変化なのです。テレビ、雑誌を始めとするメディアにおいて取り上げられている既知のものであるからです。日本においては少子高齢化、労働力不足、新エネルギー政策、低金利政策と財政、貿易の双子の赤字、女性の社会進出の後押し等が「メガトレンド」の候補です。これらのトレンドが単なる一時的なトレンドではなく「メガトレンド」にふさわしい程度に長続きするか否かの見極めが肝心なのです。また、トレンドそれぞれに対して既に大手企業が様々なビジネスチャンスを活用しています。そこに、中小企業の得意とするニッチ市場が透けて見えるはずなのです。

言い換えれば、「メガトレンド」に反したニッチ市場は、BtoBにおける取引先、BtoCにおける消費者が目を向けなくなっている市場を探索する取組みであるリスクがあります。そこで新規事業を展開しても、取引先や消費者心理としては、新味を感じづらいでしょう。

（３）　最終的には財務体力の勝負

当然のことですが「経営革新が必要だ」と政府や行政がいくら騒いでも、経営の責任は経営者にあります。経営者のアイディアが既存ビジネスからかけ離れたものである場合には、顧客開拓に時間がかかり、また、メーカーであれば追加の設備投資負担が生じます。この状況を財務的に表現すると「収益（売上）が上がりづらく、費用がかさみやすい」ということです。

ビジネスモデルの基本形は財務的表現をすればシンプルなものです。

$$\text{売上（収益）} - \text{費用} = \text{利益}$$
$$\text{利益} \div \text{資産} = \text{資産利益率}$$

をどのように作るか、ということです。

その観点で考えると、新規事業は

$$\text{追加売上（収益）} - \text{追加費用} = \text{追加利益}$$
$$\text{追加利益} \div \text{追加資産} = \text{追加資産利益率}$$

となります。したがって、上記式において追加売上（収益）が当面見込めず、追加費用がかさむ、また、設備投資等によって資産が増加する時期が2～3年程度は続く覚悟で経営革新戦略を考えなければなりません。

　経営革新が成功すれば、従前のビジネスモデルからの脱皮・発展が可能となります。そのような事例は、中小機構等公的機関のホームページにも数多く紹介されています。

　一方、失敗に終わることも覚悟しておかねばならなりません。経営革新計画とおりにいかない場合のコンティンジェンシー・プランを立てておくことは重要です。計画期間中に生じる様々な障害を想定し、それに備えることは、国内における新規事業はもとより、新規事業として海外展開が検討される場合は特に重要です。

　事業から撤退をする基準は、事業開始時点でなければなかなか決められません。経営者は一度ビジネスを開始してしまうと、なんとしても成功させたいという気持ちが強くなりすぎ、冷静な判断ができなくなることがままあるからです。

　一般的に撤退基準は、例えば、以下のようなものが考えられます。

- 想定期間内に黒字化ができなかった
- 投資資金の回収期間が長期に渡ることがわかった
- 本業の悪化による経営余力が不足してしまった
- 事故や評判の悪化により事業継続が困難となった
- 主要取引先や仕入先が離脱、経営破綻してしまった

経営革新をはじめとする事業成果は財務成果としてすぐに現れることはまれでしょう。銀行等の融資は計画が認定されれば低利の恩恵を得ることができます。しかし借入金である限りは返済しなければならないのです。したがって最終的には財務体力勝負となることから、過年度の自己資本の蓄積、本業利益の持続性が鍵になると考えてください。

(4) 経営・財務管理能力の自己点検

中小企業は、一般的に以下のような財務上の特徴を持つと言われています。
- 経営者資産への高い依存度
- 経営者による人的保全
- 基本的に間接金融（銀行からの借入）による資金調達
- 監査制度がないことによる会計処理への不安
- 銀行、納税額を意識した決算
- 単体中心の財務会計
- 親族が経営する事業へ支援などオフバランスリスクの存在
- 従業員の新陳代謝が少ないことにより生じる人件費の負担増

  等

これらの特徴において「会計処理への不安」や「親族が経営する事業への支援」は、中小企業の頼りであるメインバンクにとって大きな不安材料となります。業況が悪化しているときは特に粉飾決算のリスクに対し銀行は敏感です。経営者は、赤字決算以上に粉飾決算を銀行が忌み嫌うことを肝に銘じるべきです。

比喩的表現になりますが大きな船の舵取り同様、小さな船の舵取りも、正しい海図を元にしていなければ安全な航海はできません。もし、経営者が実態から目をそらしてしまったら誰が経営の舵取りができるのでしょうか。仮に銀行は支援したいと考えても、経営者が舵取りできない状態では助けることはでき

ません。ですから企業再生が必要となった場合に中小企業診断士や税理士により、実態を明らかにしてもらうことになるのです。もし日常からこれら専門家の手を借りることで経営の舵取りができていれば、企業再生には至らない、若しくは少額の出費で済むものが、そうでない場合は過年度の状況まで可視化する必要が生じるため、より多額の出費を伴うものとなります。

　その意味では経営革新によって新規事業着手する場合には、財務管理能力に加えて経営管理能力が十分に備わっているかも自己点検する必要があります。

（5）　納得の得られる実施スケジュールと計画数値

　金融機関の審査担当者は、売上や利益計画が「ホッケースティック型」となるのを嫌うと言われます。

図表—3-3-5　ホッケースティック型の売上高・利益額のイメージ図

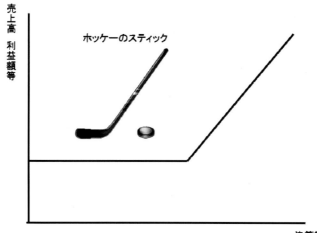

　確かに、計画期間後半において不自然に高い伸び率となる計画は帳尻合わせのように見えます。しかし、経営革新のための事業計画は基本的に現状ある程度経営状況が良好な中小企業向けの施策であり、かつ革新には当初投資や費用支出がかさむことから1～2年度程度は減益となることもやむを得ず、後半からの伸び率が結果として急上昇に見えるのは不合理とは言えません。この点については、経営者がしっかりとした説明をすべきです。

むしろ、金融機関の審査担当が嫌うのは、事業戦略や実施施策の時期と効果が利益計画に反映されていない計画です。そのようなことが生じるのは不思議と思われるかもしれませんが、実際に、毎期平均的に伸び率を達成する計画や、重要な施策実施によって想定される費用の増加、その後の収益への影響が不明確な利益計画は多く持ち込まれるようです。このようなことを生じさせないためには、利益計画から事業計画を準備するのではなく、常道ですが戦略と戦術、施策スケジュールを第一に検討し、その流れで利益計画を策定する、そして伸び率が足りなければ再度、戦略、戦術から見直すといったことを繰り返すことが重要になります。このように、策定した事業計画における利益計画は、各施策の影響を生々しく反映したものになり、金融機関に対しても説得力のあるものになるでしょう。

（6） まとめ

「測れないものは改善できない」は、かのデミング賞で有名な品質管理の専門家エドワーズ・デミング氏の名言です。会計は現状を可視化することで改善を行うための情報をもたらします。一方で、利益計画は将来の業績を予測するものであり、不確実なものを測るという困難な作業です。精度の高い予測は、本章の冒頭に述べた「メガトレンド」の理解と、自社が開拓する新領域における経営環境の調査、分析、予測によってもたらされるものです。その具体的な手法は本書にしめされたとおりです。そのプロセスを踏襲することで、利益計画の数値は活きた数値となり、フォローアップの価値も増していくでしょう。

4．リスクマネジメント

はじめに

　リスクマネジメントとは何かという明確な定義はありません。なぜなら企業によってそれぞれリスクの内容も違うし、それを管理する方法も違うからです。あえて定義づけるとすれば、本書では「リスクを全社的視点で合理的かつ最適な方法で管理してリターンを最大化することで、企業価値を高める方法」（『先端企業から学ぶ事業リスクマネジメント　実践テキスト　－　企業価値の向上をめざして』経済産業省平成17年3月より）とします。

（1）　リスクマネジメントの必要性

　なぜリスクマネジメントが必要なのかについて考えてみます。『リスク新時代の内部統制』(経済産業省　2003年)によれば、規制緩和の進展、リスクの多様化、経営管理のあり方の変化、説明責任の増大をその理由に挙げています。これ以降の社会状況を見ましても、東日本大震災による未曾有の災害、それに伴うサプライチェーンの寸断によるさまざまな製造業等の業務停止、直近ではベネッセコーポレーションによる3500万件といわれる顧客情報の漏えいが社会問題となりました。企業間の業務の相互依存関係が密接になり、効率化を求めるあまり、いったん災害が発生すれば、それに伴う企業の被害もより甚大になります。このような状況の中で、リスクマネジメントができているかどうかということで取引先を選定するという動きも出てきており、中小企業にとってもリスクマネジメントは避けて通れないものとなってきました。考えようによってはリスクマネジメント体制を整えることによって、自社のリスクをマネージ(管理)しながら、他社と差別化を図ることができるチャンスともいえるのではないでしょうか。

（2）　リスクと対応策

　ではリスクとは何をいうのでしょうか。一般的にリスクといえばマイナスのイメージがありますが、リスクとは「組織の収益や損失に影響を与える不確実性」のことをいいます。つまりこの場合のリスクとは組織にとってプラスの面とマイナスの面があるということです。しかしながら本書ではリスクとは「組織にとって不利な影響を与えうる事象」として考えることとします。

　またリスクには自然災害や戦争、為替などの企業にとっては管理不能なリスクと、不正やコンプライアンス違反などの企業が社員教育などを通じてある程度までは管理可能なリスクがあります。

＊　最終ページに一般的なリスクの一覧表を付けておきましたので参考にしてください。まずはこのリスク一覧をチェックしたうえで、自社の独自のリスクを洗い出し、それをこのリスク一覧に追加することで漏れをなくし、すべてのリスクを把握することが重要です。

　それらのリスクに対しての対応策には 4 種類あり、どの対応策を取るかは企業の特性やリスクの性質に応じて選択されます。場合によっては対応策を組み合わせることもあります。それぞれの内容は以下のようになっています。

① 　リスク回避：リスクの原因となる活動を見合わせ、または近づかないなどによりリスクを避ける対策。例としては競争市場からの撤退、新市場への参入断念など。
② 　リスク低減(緩和)：リスクの影響度や発生頻度を減少させてリスクを低減または緩和させる対策。例としては地震に備えて耐震補強をする、人事のローテーションを行うなど。
③ 　リスク保有(受容)：費用対効果を勘案し、リスクを受け入れること。例としては財務状況が悪化している取引先と継続して取引を行うなど。
④ 　リスク移転(共有)：リスクの全部または一部を外部に転嫁することでリスクを他者に移すこと。例としては地震保険に加入する、デリバティブによって、為替、金利変動による影響を減少させるなど。

(3) リスクマネジメントの実施

具体的なリスクマネジメントの実施の手順は以下の図表3-4-1のようになっています。

図表3-4-1　リスクマネジメントの手順

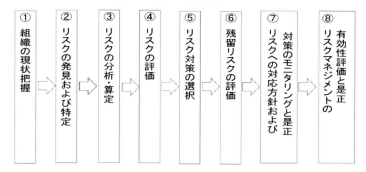

出所：J-Net21　事業継続マネジメントより

手順は①から⑧までの順に行いますがそれぞれの内容について見てみます。
① 組織の現状把握：組織の置かれた状況を把握し、自社のリスクマネジメントの目的を明確にする。
② リスクの発見および特定：一般的なリスクと自社特有の考えられるすべてのリスクを洗い出す。組織の業務の目的を理解し、その背後に潜むリスクを見つけ出す。
③ リスクの分析・算定：定性・定量分析による分析を行いリスクのレベルをつかむ。
④ リスクの評価：リスクの分析の結果を評価し、自社のリスク対応への優先順位を決める。図表3-4-2のようなリスクマップを作成し発生頻度と影響度からリスクの重要度を評価する方法が一般的でわかりやすい。

図表3-4-2　リスクマップ

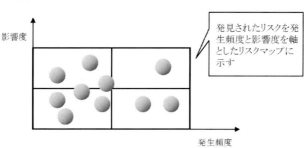

出所：経産省　実践テキストより

⑤　リスク対策の選択：回避・低減(緩和)・保有(受容)・移転(共有)のどの対応策を用いるかをきめる。
⑥　残留リスクの評価：それぞれのリスクに対する対応策を取った後の残留リスクの評価をする。
⑦　リスクへの対応方針および対策のモニタリングと是正：立案した対策が効果的であったかのチェックと是正を行う。
⑧　リスクマネジメントの有効性評価と是正：リスクマネジメントが全体として機能していたかどうかの有効性を評価し是正する。

（4）　中小企業のリスクマネジメントの特徴

　内部環境からみてみると、中小企業でリスクマネジメントや内部監査などを扱う専門の人材や専門部署の設置などをできるのは、大企業と比較して、ごく少数であり、限られた人材で取り組んでいるのが現状であろうと思われます。大企業ではリスクマネジメントのための経営資源を確保し、詳細な規定や運営ルールを作成し、組織全体として横断的に取り組んでいる場合がほとんどです。しかしながら中小企業の場合は一般的に経営者と現場の距離が近く、リスクが発生した場合の情報も直接収集することができ、指示命令がすぐに行動に移され迅速な対応が可能となります。

外部環境については、大企業は上場していれば、有価証券報告書作成や適時開示などの法令を適切にまもらなければならず、リスクマネジメントの実施状況も情報として開示しなければなりません。中小企業はリスクマネジメントの情報開示が求められることは少ないかもしれませんが、親会社としての大企業や取引先の大企業、資金を借り入れている銀行などに対しては実施状況を説明しなくてはならないケースは多いのではないでしょうか。この傾向は今後ますます増加していくであろうと推測されます。

（5）　リスクマネジメントと危機管理

　大規模地震、新型インフルエンザ、全社的システム障害などのリスクは発生すると会社経営に極めて大きな悪影響をもたらします。そのため重要なリスクについては危機管理が必要となります。危機管理とは、「いかなる危険にさらされても組織が生き残り、被害を最小化するために、危機を予測し、対応策をリスクコントロールを中心に計画・指導・調整・統制するプロセスのこと」であり、緊急事態発生時に被害を最小限に抑えることを目的としています。２０１１年３月に起こった東日本大震災の発生以来、危機管理の重要性は増加するばかりです。この危機管理を強化するためには、ＢＣＰ(Business Continuity Plan＝事業継続計画)の策定をはじめとする事前の準備・対応を行うことが必要です。

（6）　ＢＣＰとは

　「災害や事故等の発生に伴って通常の事業活動が中断した場合に可能な限り短い期間(時間)で事業活動上もっとも重要な機能を再開できるように、事前に準備・計画し、継続的メンテナンスを行う一つのプロセスのことである。」(『中小企業ＢＣＰ(事業継続計画)ガイド　～緊急事態を生き抜くために～』中小企業庁　平成20年3月)とあります。ＢＣＰは危機管理の一部であり、危機管理はリスクマネジメントの一部であるといえます。ＢＣＰを導入することは、リスクマネジメントがしっかりした企業との評判につながり企業価値を向上さ

せることができます。災害等の緊急時には従業員の生命と会社の財産を守ることが最優先ですが、そのうえでＢＣＰでは以下の５つのポイントを踏まえて策定することが重要です。

① 中核事業を特定すること
② 復旧する目標時間を設定すること
③ 取引先と予め協議しておくこと
④ 事業拠点や生産設備等の代替案を用意・検討しておくこと
⑤ 従業員とＢＣＰの方針や内容について共通認識を形成しておくこと

　ＢＣＰの策定においては、経営者がリーダーシップを発揮して取り組む必要があります。急激にグローバル化が進む中で、世界に進出する日本国内の大手の取引先や海外の企業、特に欧米の企業と取引する場合には、ＢＣＰが構築されていることが取引の最低条件となるケースが増加しています。まさに中小企業にとっては企業の存続のためにはＢＣＰの早急な導入・構築が必須となってきています。

（７）　ＢＣＰの狙いと効果

図表３-４-３からも分かるように、ＢＣＰを導入している企業は、緊急事態の発生後にまず中核事業を復旧し、早い時期に事業全体も回復することにより、事業を継続することが可能となりますが、ＢＣＰを導入していない企業は復旧が遅れ事業の縮小や場合によっては廃業に追い込まれることもあります。

図表3-4-3　ＢＣＰの狙い

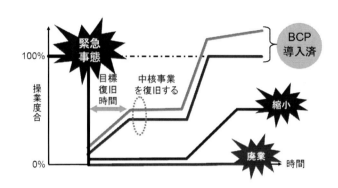

出所：中小企業庁　ＢＣＰガイドより

(8)　ＢＣＰ策定の手順

では具体的なＢＣＰの策定手順について簡単に説明します。ＢＣＰ策定の手順は図表3-4-4のようになっています。

図表3-4-4　ＢＣＰの策定手順

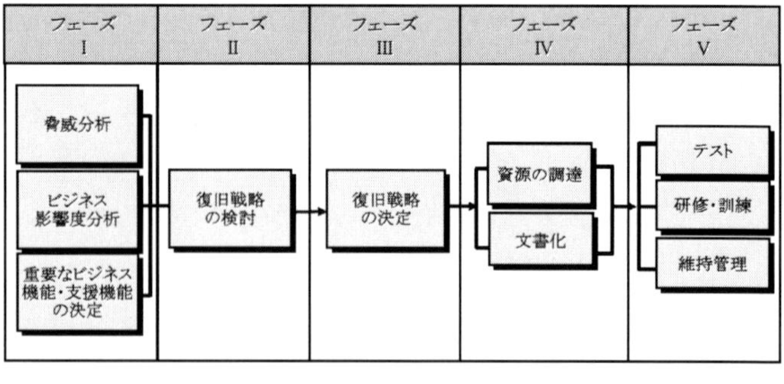

出所：経産省　実践テキストより

① フェーズⅠで地震、津波など最悪の壊滅的被害をもたらす脅威を想定し、

それがビジネスに与える影響を分析します。そのうえで決済や資金回収などの企業経営のコアの業務を特定します。このコアの業務はそれぞれの企業または組織によって異なります。
② フェーズⅡではフェーズⅠで決定した重要なコアの業務に対しての復旧の戦略をいろいろな角度から検討します。
③ フェーズⅢでは最適な復旧戦略を選択します。
④ フェーズⅣでは決定した復旧戦略に基づき必要な資源を調達し、ＢＣＰマニュアルを作成します。
⑤ フェーズⅤでは作成されたＢＣＰマニュアルに基づいてテスト、研修、訓練を行います。その過程で発見された不備に対して改定を行いより完全なものにしていきます。

　まだＢＣＰを策定していない中小企業は、はじめから完璧なＢＣＰを求めずに、まずはたとえば地震、津波や火災を想定したＢＣＰ策定をやってみるというのも大切です。そうすることで意識が高まり、徐々に完成されていくのです。最近ではＷＥＢ上で様々なＢＣＰの情報が公開されていますので参考にしてください。

最後に

　中小企業にとっては日々の活動がリスクマネジメントと直結しています。これは中小企業の経営者や幹部にとっては、リスクに直面した時にはリーダーシップを発揮し、リスクに迅速に対応できるということでもあります。しかし、リスクに迅速かつ的確に対応するためには、平常時にリスクマネジメントの重要性を認識し、リスクマネジメントを企業が存続するための経営管理手法の一つとして位置づけ、常に内容を見直しながら向上させていくことが何よりも重要になってきます。

一般的なリスク一覧表

	小分類	リスク例
外部環境	自然災害・事故	大規模地震などの自然災害、天候不良、新型インフルエンザ
	事故・犯罪	電力等公共サービス停止、犯罪、事故
	国レベルの紛争・混乱	戦争・紛争、インフレ・通貨危機、政変
	法律・規制・商習慣	法律・規制の変更、当局の姿勢の変化
	市場	金利変動、為替変動、株価変動
	競合	競合の戦略変更、新規参入
	顧客	顧客ニーズ変化、顧客層の変化
	取引先	取引先の倒産、調達先・提携先の変化、取引先の姿勢の変化
	株主	株価低下、株主構成の変化、買収
	その他の組織等	アナリストの評価、各種団体からのクレーム
	風評	マスコミ報道、ネットでの誹謗
業務プロセス	商品・サービス	商品ライフサイクルの変化、商品の瑕疵、返品・リコール、知的財産権の侵害、商品・サービスの陳腐化、虚偽表示
	運輸・物流	商品の滅失・毀損、物流コスト増大、輸送ルート断絶、誤配・遅配
	調達	欠品、余剰在庫、滞留在庫、調達価格
	マーケティング	顧客ニーズとのミスマッチ、価格設定、商品構成
	販売	不適切な販売、顧客満足低下、納期遅れ
	アウトソーシング	外注コスト増大、要求水準未達、アウトソーサーへの過度の依存
	労務(安全・就業)	労基法違反、セクシャルハラスメント、人権問題
	情報システム	システム障害、情報漏洩、開発遅延、ウイルス被害、サイバーテロ、テクノロジーの陳腐化
	財務	財務諸表の虚偽記載、引当金不足、含み損の発生、債券回収の遅延、
	広報・IR	虚偽情報の開示、情報開示遅延、マスコミ対応失敗、クレーム対応失敗
	資産保全(物理的資産、知的資産)	建物・設備の毀損、現金・貯蔵品等の滅失・毀損
	環境	CO_2排出、不法投棄、土壌汚染
	コンプライアンス	贈収賄、インサイダー取引、契約不履行、反社会勢力との関係、金銭事故

	小分類	リスク例
内部環境	ガバナンス	役員の不正、グループ会社の統制不足
	コミュニケーション	方針の不徹底、組織間の連携不備、重要情報の伝達漏れ
	人材	人材流失、従業員のモチベーション低下
	組織・企業文化	M&Aによる混乱、不適合、組織の硬直化

出所:『図解　ひとめでわかる　リスクマネジメント』二木一彦を基に作成

5．公的支援施策の活用

　中小企業基本法が掲げる基本理念・基本方針等に基づき、中小企業が抱える課題や現状認識を踏まえ、中小企業、中でもその9割を占める小規模事業者は、地域の経済や雇用を支える極めて重要な存在と認識、その上で、中小企業・小規模事業者への支援体制整備を取り組むべき課題の中心に据え、国や公的機関による各種支援策の充実が図られています。

（1）　中小企業支援施策

　中小企業・小規模事業者の経営革新・新事業開発に向けて、数々の公的支援施策が設けられています。

① 　経営革新支援

　中小企業・小規模事業者が経営の向上に取り組む際に、現状から将来のあるべき姿に到達するまでの「道しるべ」となる目標（これを「経営革新計画」といいます。）を策定することが有効です。
　経営革新のための計画書作成を通じ、経営理念の社員との共有化や経営目標が明確になるほか、専門の相談員のアドバイスを受けて作成した、経営革新計画につき支援実施機関の承認を受けると、低利の融資制度など多様な支援策が利用可能となります。

第3章　個別テーマ分野別の経営革新対策

図表 3-5-1　経営革新支援事業

対 象 者	事業内容や経営目標を盛り込んだ経営革新計画を作成し、中小企業新事業活動促進法に基づく都道府県または国の承認を受けた中小企業者、組合等。
計画の内容	（1）事業内容 ①新商品の開発や生産、②新役務（サービス）の開発や提供、③商品の新たな生産方式や販売方式の導入、④役務（サービス）の新たな提供方法の導入その他の新たな事業活動のいずれかに該当する取組みであること。 （2）経営目標 3～5年間の事業計画期間であり、付加価値額（※）又は従業員一人あたりの付加価値額が年率平均3％以上伸び、かつ経常利益が年率平均1％以上伸びる計画となっていること。 　（※）付加価値額＝営業利益＋人件費＋減価償却費
支援の内容	経営革新計画の承認を受けると、以下の支援策が利用できます（別途、かっこ内の支援策実施機関の審査があります。）。 （1）政府系金融機関による低利融資制度等（日本政策金融公庫） （2）信用保証の特例（（一社）全国信用保証協会連合会、各都道府県等の信用保証協会） （3）特許関係料金減免制度（特許庁　総務部　総務課調整班） （4）販路開拓コーディネート事業（各都道府県等中小企業支援センター、中小企業基盤整備機構各地域本部）
計画作成の相談先	都道府県経営革新計画担当課または経済産業局 中小企業庁　技術・経営革新課（イノベーション課）

出所：平成26年度版　中小企業施策利用ガイドブック（中小企業庁）

② 創業・ベンチャー支援

i 産業競争力強化法による創業支援

　平成26年1月20日施行の産業競争力強化法によって、市区町村と民間事業者とが連携しながら、創業しようとしている方々等の支援に取組む手法が導入されました。

国が、創業支援に携わる市区町村や創業支援事業者を認定し、この枠組みの下で創業に向け支援を受けた「創業者」（これを「特定創業支援を受けた創業者」といいます。）に対する支援策に加え、認定創業支援事業者への支援措置も用意されました。

図表 3-5-2　特定創業支援を受けた創業者への支援体制

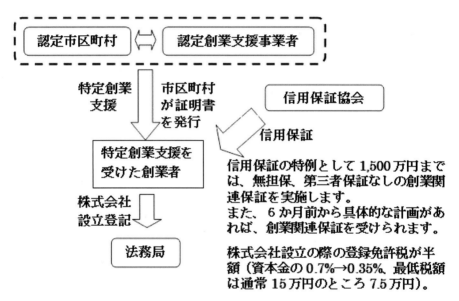

出所：２０１４年版　中小企業白書（中小企業庁）

第3章　個別テーマ分野別の経営革新対策

図表3-5-3　創業支援事業者への支援措置

施策名	「創業支援事業者」向けの支援措置
対象・要件	・産業競争力強化法に基づく認定を受けた創業支援事業計画に従い、市区町村と連携して創業支援に取組む創業支援事業者
支援内容	・創業支援事業者補助金 　　補助率：補助対象経費の2／3以内 　　補助金額：1,000万円以内（下限額100万円） ・信用保証の特例 　　…創業支援事業者のうち、NPO法人、一般財団法人、一般社団法人に対して、信用保証協会が8,000万円までの無担保の信用保証を実施。
問合せ先	中小企業庁　創業・新事業促進課 各経済産業局

出所：平成26年度　起業・ベンチャーを支援します（中小企業庁）

ⅱ　補助金

　新たな事業を開始しようとする方々を対象に、必要経費の一部を補助する制度があります。

図表3-5-4　創業補助金

施策名	創業補助金（創業促進補助金）
対象	・これからの創業で、個人開業又は会社等の設立を行うもの ・先代から事業を引き継いだ後継者が、業態転換や新事業・新分野に進出するもの
支援内容	・補助率：補助対象経費の2／3以内 ・補助金額：100万円以上～200万円以内 ・対象経費：人件費、事業費、委託費、その他
問合せ先	各都道府県地域事務局

出所：平成26年度　起業・ベンチャーを支援します（中小企業庁）

ⅲ　創業スクール

　創業を予定している方々を対象に、経営、マーケティング、会計、税務等のカリキュラムを用意し、創業時に必要となる知識・ノウハウの習得や、ビジネスプランの作成支援を実施することで創業をサポートします。

図表3-5-5　創業スクール

対象・要件	全国300箇所で「創業スクール」を開催し、創業予備軍の掘り起こしをはじめ、創業希望者の基本的知識の習得からビジネスプラン策定までの支援を行います。
支援内容	・地域プラットフォームに属する支援機関や産業競争力強化法に基づき認定を受けた創業支援事業者が創業スクールを開催。 ・創業に必要なノウハウを集約したカリキュラム・テキストを使用して、地域の支援機関が創業を後押しします。 ・創業スクール受講後も実施主体となる支援機関が他の支援機関と連携し、アフターサポートを実施します。
問合せ先	中小企業庁　創業・新事業促進課

出所：平成26年度　起業・ベンチャーを支援します（中小企業庁）

③資金繰り支援

　中小企業・小規模事業者の方々に向けて、様々な資金繰り支援策が用意されています。

i 融資制度

目的と条件によって、低利で負担の少ない融資・保証が受けられます。

図表 3-5-6 新創業融資制度（無担保・無保証人）【国民生活事業】

対　　象	これから創業する方又は税務申告を 2 期終えていない方
要　　件	・雇用の創出を伴う事業や勤務経験がある事業を始めるなど、一定の要件に該当すること ・事業開始前、または事業開始後で税務申告を終えていない方は、「創業時において創業資金総額の 1/10 以上の自己資金を確認できること」等の一定の要件に該当すること
貸付限度額	3,000 万円（運転資金は 1,500 万円）
資金使途	設備資金及び運転資金
貸付利率	各融資制度の貸付利率＋0.85%
貸付(据置)期間	設備資金：15 年以内（2 年以内）運転資金：7 年以内（1 年以内）
問合せ先	日本政策金融公庫（国民生活事業） 沖縄振興開発金融公庫

出所：平成２６年度　起業・ベンチャーを支援します（中小企業庁）

図表 3-5-7 中小企業経営力強化資金

対象・要件	経営革新又は異分野の中小企業と連携した新事業分野の開拓等により市場の創出・開拓（新規開業を行う場合を含む。）を行おうとする方で、認定支援機関の指導・助言を受けている方。
貸付限度額	【中小企業事業】7 億 2,000 万円（うち運転資金 2 億 5,000 万円） 【国民生活事業】7,200 万円（運転資金は 4,800 万円）
資金使途	設備資金及び運転資金
貸付利率	中小企業事業は 2 億 7,000 万円を限度に特別利率適用があります 国民生活事業は 2,000 万円まで無担保・無保証人であっても上乗せ金利無しで貸付けが受けられる仕組みがあります
貸付(据置)期間	設備資金：15 年以内（2 年以内）運転資金：7 年以内（1 年以内）
問合せ先	日本政策金融公庫（国民生活事業）（中小企業事業） 沖縄振興開発金融公庫

出所：平成２６年度　起業・ベンチャーを支援します（中小企業庁）

図表 3-5-8　新規開業支援資金【国民生活事業】

対象	現在お勤めの企業と同じ業種の事業を始める方（一定の条件を満たす方）や雇用の創出を伴う事業を始める方
要件	新たに事業を始める方又は事業開始後おおむね 7 年以内の方
貸付限度額	7,200 万円（運転資金は 4,800 万円）
資金使途	設備資金及び運転資金
貸付利率	基準利率に加え、特別利率の適用があります
貸付(据置)期間	設備資金 20 年以内（3 年以内）運転資金 7 年以内（1 年以内）
問合せ先	日本政策金融公庫（国民生活事業） 沖縄振興開発金融公庫

出所：平成26年度　起業・ベンチャーを支援します（中小企業庁）

図表 3-5-9　新事業育成資金【中小企業事業】

対象	新規性、成長性のある事業を始めておおむね 7 年以内の方
要件	以下の 1.～3.のすべてに当てはまる方 1．新たな事業を事業化させておおむね 7 年以内の方 2．公庫の成長新事業育成審査会から事業の新規性・成長性について認定を受けた方 3．公庫が継続的に経営課題に対する経営指導を行うことにより、円滑な事業の遂行が可能と認められる方
貸付限度額	6 億円
資金使途	設備資金及び長期運転資金
貸付利率	融資後 5 年目までは特別利率（上限 3%）、6 年目以降は基準利率＋0.2%（上限 3%）
貸付(据置)期間	設備資金：15 年以内（5 年以内）運転資金：7 年以内（2 年以内）
問合せ先	日本政策金融公庫（中小企業事業）　沖縄振興開発金融公庫

出所：平成26年度　起業・ベンチャーを支援します（中小企業庁）

図表 3-5-10　女性、若者／シニア起業家支援資金

対象	女性、若者（30 歳未満）、高齢者（55 歳以上）の方であって、新たに事業を始める方、または事業開始後概ね 7 年以内の方
貸付限度額	【中小企業事業】7 億 2,000 万円（運転資金は 2 億 5,000 万円） 【国民生活事業】7,200 万円（運転資金は 4,800 万円）
資金使途	設備資金及び運転資金
貸付利率	基準利率に加え、特別利率の適用があります
貸付(据置)期間	設備資金：20 年以内（2 年以内） 運転資金：7 年以内（1 年以内）
問合せ先	日本政策金融公庫（国民生活事業）（中小企業事業） 沖縄振興開発金融公庫

出所：平成26年度　起業・ベンチャーを支援します（中小企業庁）

ⅱ　信用補完制度

　信用保証協会は、中小企業・小規模事業者が金融機関から事業資金を借入する際の「公的な保証人」として資金調達をサポートします。

図表 3-5-11　創業関連保証・創業等関連保証

対象	これから創業、創業後 5 年未満
要件	事業計画の的確性等
保証限度額	各都道府県等にある信用保証協会が信用保証します 【創業関連保証】1,000 万円（支援創業関連保証は 1,500 万円） 【創業等関連保証】1,500 万円 創業関連保証と創業等関連保証を併用すると最大 2,500 万円まで利用可能です。ただし、創業等関連保証において、これから創業する方は自己資金の範囲内となります。
対象資金	設備資金及び運転資金
保証料率	各信用保証協会所定の利率
問合せ先	全国信用保証協会連合会

出所：平成26年度　起業・ベンチャーを支援します（中小企業庁）

信用保証協会以外にも保証人なしで支援する仕組みがあります。

図表 3-5-12　保証人特例制度（保証人免除特例・保証人猶予特例）

対　　象	日本政策金融公庫中小企業事業の直接貸付を利用される方
条　　件	・保証人免除（経営責任者の方の保証免除） ・保証人猶予（一定の特約を遵守することが条件）
貸付限度額	適用した特別貸付制度の貸付限度額
資金使途	適用した特別貸付制度の資金使途
貸付利率	原則、信用リスクに応じた利率を上乗せ
貸付期間	適用した特別貸付制度の返済期間以内
問合せ先	日本政策金融公庫（中小企業事業）　沖縄振興開発金融公庫

出所：平成26年度　金融支援策のご案内（中小企業庁）

ⅲ　直接金融

株式や社債の発行により資金調達を行う方法もあります。

図表 3-5-13　起業支援ファンド

対　　象	国内の創業又は成長初期段階にある設立 5 年未満の有望なベンチャー企業等で、ベンチャーキャピタル（ＶＣ）等が運営するファンドから新事業に必要な投資を受けることを希望される方。
支援内容	民間のＶＣ等が運営するファンドに対して、中小企業基盤整備機構（中小機構）が出資（ファンド総額の1/2以内）を行うことを通じて、ベンチャー企業等への投資機会の拡大を図っています。ファンドから、株式や新株予約権付社債等の取得による資金提供や踏込んだ経営支援（ハンズオン支援）を受けることができます。
利用方法	ファンドからの投資を希望される方は、中小機構ホームページの「ファンド検索」から希望のＶＣ等へ直接相談するか、問合せ先に照会します。投資及び育成支援を受けるためには、ファンドを運営するＶＣ等の審査が必要となります。
問合せ先	中小企業基盤整備機構　ファンド事業部（中小機構ホームページ） URL: http://www.smrj.go.jp/fund/toshi_ukeru/index.html

出所：平成26年度版　中小企業施策利用ガイドブック（中小企業庁）

図表 3-5-14　ベンチャープラザ

対　　象	ＩＰＯ（株式公開）等を前提とした資金調達を目的とするビジネスプランを有する中小企業及びベンチャー企業
支援内容	中小企業及びベンチャー企業が資金を得るために、ベンチャーキャピタルや投資家等へビジネスプランを発表する機会を提供します。また、プレゼンテーションを行った企業と投資家等が個別具体的な話ができる商談コーナーを併設します。
問合せ先	中小企業基盤整備機構　経営支援部　経営支援企画課 中小企業基盤整備機構各地域本部

出所：平成２６年度版　中小企業施策利用ガイドブック（中小企業庁）

④ 新たな事業活動支援

　異なる分野の方々が連携し、それぞれの経営資源を持ち寄って行う新商品、新サービスの開発、販路開拓等の取組みを支援します。

図表3-5-15　新連携（異分野連携）の支援

対象・要件	異分野の中小企業者同士が連携して、新商品、新サービスの開発等に取組む「異分野連携新事業分野開拓計画」を策定し、その内容を国から認定を受けたもの
支援内容	・補助金（2/3補助、上限3,000万円） ・融資・保証など 　…政府系金融機関による設備資金及び長期運転資金の融資 　…信用保証協会の保証限度額が2倍　など
新連携の具体例	例：新ソフト食の量産化・市場化により高齢者のクオリティオブライフに貢献 　飲み込む力が弱くなった方向けの介護食は、食材本来の「形」のないペースト状のものなどが一般的でしたが、「目で見て、食欲をそそり、食べておいしさを感じる」新たなソフト介護食品を開発。シリコン成型加工業者との連携により量産を可能にし、大手メーカーPB商品化や通信販売等、販路開拓が進行中です。 
問合せ先	各経済産業局中小企業課等、中小企業庁 創業・新事業促進課

出所：平成26年度　中小企業の新たな事業活動を支援します（中小企業庁）

第3章 個別テーマ分野別の経営革新対策

図表 3-5-16　地域資源活用の促進

対象・要件	中小企業者等が地域産業資源（農林水産物、生産技術、観光資源）を活用した事業計画を策定、その内容を国から認定を受けたもの
支援内容	・補助金 　…新商品・新サービスの開発などにかかる試作品開発・展示会出展などの費用の一部を補助（2/3 補助、上限 3,000 万円） ・融資・保証など 　…政府系金融機関による設備資金及び長期運転資金の融資 　…信用保証協会の保証限度額が2倍　など
問合せ先	各経済産業局 中小企業課等　　中小企業庁 創業・新事業促進課

出所：平成26年度版　中小企業施策利用ガイドブック（中小企業庁）

図表 3-5-17　農商工等連携の支援

対象・要件	中小企業者と農林漁業者が共同で「農商工等連携事業計画」を作成し、その内容を基に国から認定を受けたもの
支援内容	・補助金 　…新商品・新サービスの開発などにかかる試作品開発・展示会出展などの費用の一部を補助（2/3 補助、上限 3,000 万円） ・融資・保証など 　…政府系金融機関による設備資金及び長期運転資金の融資 　…信用保証協会の保証限度額が2倍　など
問合せ先	各経済産業局中小企業課等、中小企業庁 創業・新事業促進課

出所：平成26年度版　中小企業施策利用ガイドブック（中小企業庁）

図表 3-5-18　JAPAN ブランド育成支援事業

対　象	商工会、商工会議所、組合等の4社以上の中小企業・小規模事業者が連携するもの
支援内容	①戦略策定段階への支援＜定額補助：200万円を上限＞ 　…自らの強み・弱みなどを徹底的に分析し、明確なブランドコンセプトと基本戦略を固めるため、専門家の招へい、市場調査、セミナー開催などを行う取り組みを支援。 ②ブランド確立段階への支援＜2／3補助：2,000万円を上限＞ 　…中長期的な視野に立ったブランド確立への取組みを支援するため、専門家の招へい、新商品開発、展示会出展などを行うプロジェクトに対し、最大3年間にわたり支援。 ③事業プロデュース支援＜定額補助＞ 　…日本の生活文化の特色を活かした魅力ある商材を有する中小企業とプロデューサーがチームを組んで、その商材の海外需要獲得に向けて「市場調査、商材改良、ＰＲ・流通」まで一貫してプロデュースする取組みを支援。
問合せ先	①②については、各経済産業局中小企業課等 ③については、経済産業省商務情報政策局クリエイティブ産業課

出所：平成26年度版　中小企業施策利用ガイドブック（中小企業庁）

⑤　技術革新支援

　日本を牽引する製造業の国際競争力は、ものづくり基盤技術をもつ中小企業に支えられているとの認識の下で、中小企業の技術力強化に向けた研究開発、知財活用、ITの導入などの取組みを支援します。

図表3-5-19　研究開発成果を事業化するための支援

施策名	中小企業技術革新制度（SBIR制度）
対象・要件	・特定補助金等の交付決定を受けた中小企業がSBIR制度を活用することができます。 ・中小企業新事業活動促進法に基づき、関係省庁が中小企業の研究開発のための補助金等（特定補助金等）を交付し、その事業化までを一貫して支援する制度です。
支援内容	・特許料などの軽減（問合せ先　各経済産業局特許室） ・中小企業信用保険法の特例（債務保証枠の拡大など） 　（問合せ先　全国信用保証協会連合会、各都道府県等の信用保証協会） ・中小企業投資育成株式会社法の特例（投資） 　（問合せ先　東京・名古屋・大阪中小企業投資育成株式会社） ・日本政策金融公庫の特別貸付制度 　（問合せ先　日本政策金融公庫　事業資金相談ダイヤル） ・小規模企業者等設備導入資金助成法の特例（貸付割合の拡充） 　（問合せ先　全国中小企業取引振興協会） ・SBIR特設サイト（情報提供など） 　（問合せ先　中小企業庁　技術・経営革新課）

出所：平成26年度版　中小企業施策利用ガイドブック（中小企業庁）

図表 3-5-20　ものづくり中小企業の支援

対象	中小ものづくり高度化法に基づいて指定された特定ものづくり基盤技術に関する研究開発等に単独又は他の事業者と協力して取り組む中小企業者
支援内容	中小企業者は、中小ものづくり高度化法に基づいて策定された特定ものづくり基盤技術高度化指針に沿った研究開発計画を作成し、経済産業大臣の認定を受けた場合、次の支援措置を利用することができます（支援機関の審査や確認が必要となります）。 （1）ものづくり中小企業・小規模事業者等連携事業創造促進事業（戦略的基盤技術高度化支援事業（補助金）） （2）政府系金融機関による低利融資制度 （3）中小企業信用保険法の特例 （4）中小企業投資育成株式会社法の特例 （5）特許料及び特許審査請求料の軽減
問合せ先	・中小企業庁　技術・経営革新課（イノベーション課） ・各経済産業局　　・中小企業基盤整備機構

出所：平成26年度版　中小企業施策利用ガイドブック（中小企業庁）

図表 3-5-21　技術力のある中小企業を資金援助で支援

施策名	橋渡し研究事業
対象・要件	中小企業・小規模事業者、大学、公設試等を含む共同体
支援内容	中小企業等による大学の知の活用促進を目的として、中小企業・小規模事業者と大学等がライセンス等を行って進める実証研究に対する支援（公募時期があります）。 ・補助期間：2年以内 ・補助金：300万円～2,000万円（単年度） ・補助率：2／3
問合せ先	・産業技術環境局　技術振興・大学連携推進課 ・各経済産業局　橋渡し事業担当部署

出所：平成26年度　技術の高度化・IT化・知財活用を支援します（中小企業庁）

第3章　個別テーマ分野別の経営革新対策

⑥　海外展開支援

i　計画策定段階の支援

図表 3-5-22　ミラサポ

支援内容	総合支援ポータルサイト「ミラサポ（未来の企業★応援サイト）」では、これから海外展開等を目指す中小企業の方々を対象に、国や公的機関の支援情報をわかりやすく提供するとともに、経営の悩みに対する先輩や専門家との情報交換・相談の場を提供します。
実施方法	ウェブページから情報の入手や専門家の検索ができます。 https://www.mirasapo.jp/overseas/index.html
料金等	無料
問合せ先	・サイトに関する全般的な質問については、ミラサポ運営事務局 ・海外展開のページに関する質問については、中小企業庁経営支援部新事業促進課

出所：中小企業海外展開支援施策集（平成 26 年 3 月：中小企業庁）

図表 3-5-23　ジェトロ海外情報ファイル（J-FILE）

支援内容	世界約 60 カ国・地域のビジネス情報を集めたデータベースから必要な情報を入手できます。また、特定国・地域の情報・統計を検索し、データを比較表示することができます。
実施方法	ウェブページから情報の入手、検索ができます。 http://www.jetro.go.jp/world/
料金等	無料
問合せ先	（独）日本貿易振興機構（ジェトロ）

出所：中小企業海外展開支援施策集（平成 26 年 3 月：中小企業庁）

図表 3-5-24　海外展開セミナー

支援内容	海外の最新市場動向や海外展開に有益な情報などを、事例を交えながら分かりやすく提供します。
実施方法	中小企業支援機関、金融機関等と共催でセミナーを開催します。セミナーの開催予定や申込み方法等は中小機構のウェブページ等で案内しています。 http://www.smrj.go.jp/keiei/kokusai/seminar2/index.html
料金等	無料
問合せ先	（独）中小企業基盤整備機構　販路支援部　販路支援課（海外展開支援担当）

出所：中小企業海外展開支援施策集（平成26年3月：中小企業庁）

ⅱ　事業準備段階の支援

図表 3-5-25　海外展開事業管理者研修

支援内容	アジアへの海外展開を志向する企業において、そのキーパーソンとなる人材を養成するために、貿易実務、国際契約、海外顧客へのセールストーク等の基本を学ぶとともに、直接投資事業の進め方などの知識習得を目指す研修を行います。
実施方法	中小企業大学校において受講者を募集します。 http://www.smrj.go.jp/jinzai/index.htm
料金等	9日間　料金：75,000円（平成26年度）
問合せ先	（独）中小企業基盤整備機構　経営支援部人材支援グループ

出所：中小企業海外展開支援施策集（平成26年3月：中小企業庁）

図表 3-5-26　海外見本市・展示会出展支援

支援内容	ジェトロが主催・参加する海外見本市・展示会のジャパン・パビリオンへの出展をサポート（出展手続き、出品物の通関・輸送、広報等、各種サービスをパッケージで提供）します。
実施方法	ウェブページ等で出展企業・団体を公募します。 http://www.jetro.go.jp/services/tradefair/
料金等	展示会の出展経費の一部をジェトロが負担します。公募の際に出展案内にて個別にご案内します。
問合せ先	（独）日本貿易振興機構（ジェトロ）

出所：中小企業海外展開支援施策集（平成 26 年 3 月：中小企業庁）

ⅲ　事業開始・拡大段階の支援

図表 3-5-27　海外展開資金

支援内容	経済の構造的変化に適応するために海外展開を行う中小企業の方々を支援するため、海外展開事業の開始または拡大に必要な設備資金および運転資金の融資を行います。事業計画の内容や国内雇用等に関する要件を満たす場合は、通常の基準利率より低利な特別利率が適用されます。
実施方法	日本政策金融公庫(中小企業事業・国民生活事業) ※または沖縄振興開発金融公庫の窓口でお申込みいただけます。 （※）http://www.jfc.go.jp/n/finance/search/kaigaitenkai.html
料金等	所定の融資利率が適用されます。
問合せ先	日本政策金融公庫　　沖縄振興開発金融公庫

出所：中小企業海外展開支援施策集（平成 26 年 3 月：中小企業庁）

図表 3-5-28　特定信用状関連保証制度

支援内容	海外子会社が現地金融機関から融資を受ける際に、国内金融機関が当該現地金融機関に向けて発行する信用状に関し、国内金融機関に対して親会社（国内の中小企業）が負担する債務について、信用保証協会が債務保証を行うことで、資金調達を支援します。
実施方法	最寄りの信用保証協会へご相談ください。 http://www.zenshinhoren.or.jp/others/nearest.html
料金等	所定の信用保証料が必要となります。
問合せ先	最寄りの信用保証協会 または（一社）全国信用保証協会連合会

出所：中小企業海外展開支援施策集（平成 26 年 3 月：中小企業庁）

図表 3-5-29　中小企業輸出代金保険

支援内容	中小・中堅企業の輸出促進のための専用商品で、輸出の際のカントリーリスク（為替制限、戦争、支払国に起因する外貨送金遅延等）や信用リスク（取引先の倒産、貨物代金の不払い）をヘッジ
実施方法	保険に関する説明のウェブページ　http://nexi.go.jp/product/sme/ 保険に関する質問、相談は、下記問い合わせ先
料金等	所定の保険料が必要になります。
問合せ先	（独）日本貿易保険　本店営業第一部　保険業務グループ

出所：中小企業海外展開支援施策集（平成 26 年 3 月：中小企業庁）

⑦雇用・人材対策支援
中小企業の人材確保・育成を支援する施策の例を示します。

図表3-5-30　人材確保・定着支援事業

対象・要件	・地域の大学等に通学する学生 ・正規社員を希望する非正規人材、若年離職者、就職を希望する主婦等 ・長年の就業経験によって得られた専門的な知識・ノウハウ等を有するシニア人材
支援内容	・優秀な人材の確保のため、地域の中小企業・小規模事業者と学生をはじめとする多様な人材との顔の見える関係づくりから、採用、育成、定着までを一貫して支援します。
事業例	・大学生等に対する中小企業就職への意識付け、中小企業と大学生等の交流の場の設定（出前講座、バスツアー　等） ・中小企業と大学生等のマッチング（合同企業説明会　等）
問合せ先	全国中小企業団体中央会 中小企業庁経営支援課

出所：平成26年度　人材確保・育成を支援します（中小企業庁）

図表3-5-31　人材育成（ものづくり小規模事業者等人材育成事業）

対象者	製造現場等において中核となって働く人材（中核人材）に対し、国が指定する技術・技能の継承に係る講習等を受講させる製造業の中小企業・小規模事業者
支援内容	中核人材が、国の指定する次に掲げる内容の講習等を受講する際の経費の一部について、補助が受けられます。 （1）技術・技能の向上に関するもの （2）指導能力の向上に関するもの （3）現場改善技術の向上に関するもの
対象経費	受講料、旅費、宿泊費の2/3。1事業者当たり最大50万円。
問合せ先	一般財団法人製造科学技術センター 中小企業庁　経営支援課

出所：平成26年度　人材確保・育成を支援します（中小企業庁）

```
＜公的支援施策活用の注意点＞
①支援施策は平成２６年３月現在のものです。
②対象者や支援内容が変更される場合もあります。また、申請時期が限定され
　ている支援施策もありますので、必ず問合せ先に確認してください。
③支援施策の利用に際して取扱機関の審査があります。
```

（２）　支援体制の強化（「よろず支援拠点」の設置）

　中小企業・小規模事業者の支援体制強化に向け、平成２４年１１月から、全国各地の商工会・商工会議所等に加え、税理士や地域の金融機関等を認定支援機関として認定、支援の担い手の裾野の拡充、支援能力の向上等が図られました。さらに、平成２５年９月以降、支援機関等同士が連携して、事業者支援を行うための連携体（地域プラットフォーム）の形成・促進策が講じられました。

　一部の機関では、魅力的な支援体制を構築するなど、全国から注目される事例もありますが、全般的には、各支援機関の支援レベル・質・専門分野、活動内容等には、機関ごと地域ごとにバラツキがあるという課題がみえてきました。さらに、小規模企業振興基本法等小規模事業者支援の充実を目指す中でも、支援体制の強化に取り組むことは急務となっていました。

　こうした背景のもとで、地域の支援体制を強化するため、平成２６年度から新たに、地域の支援機関と連携しながら様々な経営相談に対応する「よろず支援拠点」が各都道府県に整備されることとなりました。また、拠点の能力向上、活動支援、評価、拠点間連携等を図るための全国本部（中小企業基盤整備機構）が設置されました。

第3章　個別テーマ分野別の経営革新対策

図表3-5-32　これからの中小企業・小規模事業者への支援体制

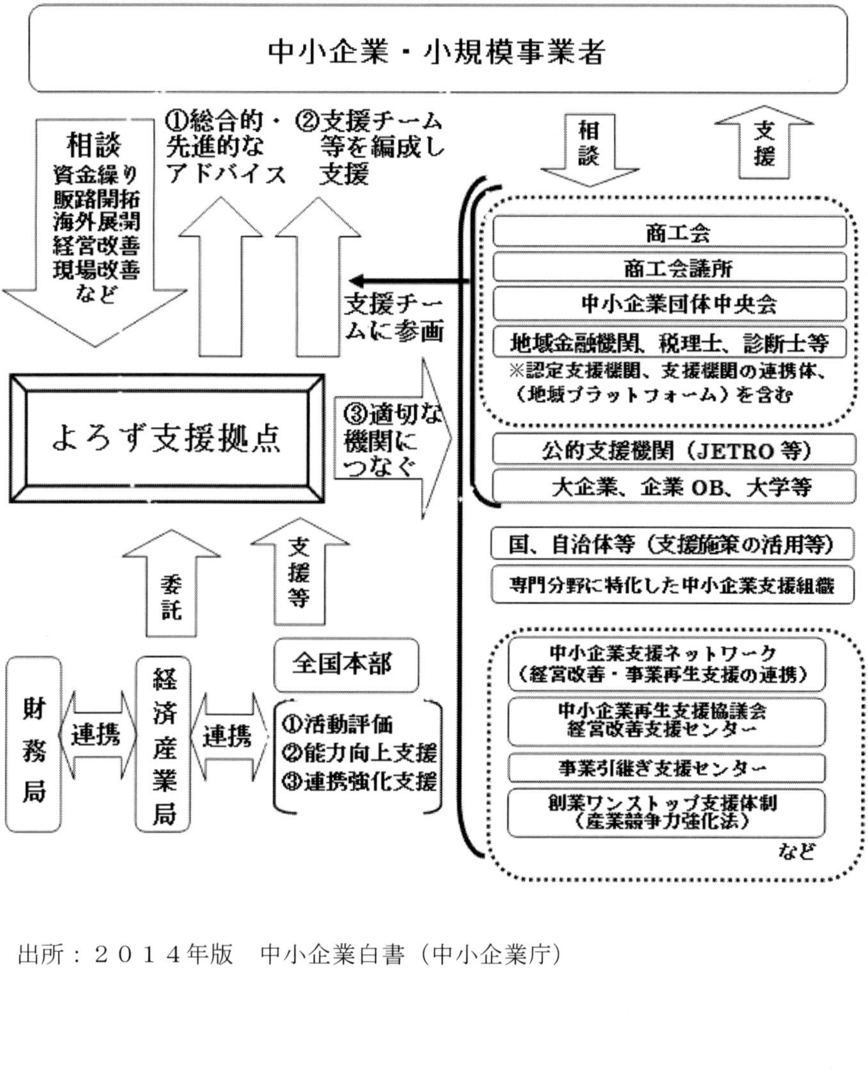

中小企業・小規模事業者

相談
資金繰り
販路開拓
海外展開
経営改善
現場改善
など

①総合的・先進的なアドバイス
②支援チーム等を編成し支援

相談
支援

商工会
商工会議所
中小企業団体中央会
地域金融機関、税理士、診断士等
※認定支援機関、支援機関の連携体、〈地域プラットフォーム〉を含む

支援チームに参画

よろず支援拠点

③適切な機関につなぐ

公的支援機関（JETRO等）
大企業、企業OB、大学等

国、自治体等（支援施策の活用等）
専門分野に特化した中小企業支援組織

委託
支援等

全国本部
①活動評価
②能力向上支援
③連携強化支援

財務局　連携　経済産業局　連携

中小企業支援ネットワーク
（経営改善・事業再生支援の連携）
中小企業再生支援協議会
経営改善支援センター
事業引継ぎ支援センター
創業ワンストップ支援体制
（産業競争力強化法）
など

出所：2014年版　中小企業白書（中小企業庁）

図表3-5-33　事業者の目線から見た支援体制（目的別の相談先）

出所：２０１４年版　中小企業白書（中小企業庁）

（参考１）問合せ先
- 中小企業電話相談ナビダイヤル：平日（月曜日～金融日）9:00～17:30
　０５７０－０６４－３５０（お近くの経済産業局中小企業課に繋がります）
- がんばる中小企業経営相談ホットライン：平日（月曜日～金融日）9:00～17:00
　０５７０－００９－１１１（お近くの基盤整備機構地域本部に繋がります）
- 中小企業基盤整備機構本部　０３－３４３３－８８１１
- 中小企業庁相談室　０３－３５０１－４６６７
- 全国信用保証協会連合会　０３－６８２３－１２００
- 日本政策金融公庫　事業資金相談ダイヤル　０１２０－１５４－５０５
- 日本商工会議所　０３－３２８３－７８２４
- 全国商工会連合会　０３－６２６８－００８８
- 全国中小企業団体中央会　０３－３５２３－４９０１

(参考2)中小企業者の範囲(中小企業基本法によるもの)

業種分類	中小企業基本法の定義
製造業その他	資本金3億円以下または従業者数300人以下
卸　売　業	資本金1億円以下または従業者数100人以下
小　売　業	資本金5千万円以下または従業者数50人以下
サービス業	資本金5千万円以下または従業者数100人以下

小規模企業者の範囲

製造業その他	従業員20人以下
商業・サービス業	従業員5人以下

第4章

事業計画の作成

1　バランスト・スコアカードについて

（1）　なぜバランスト・スコアカードなのか

　本書ではこれまで「中小企業のイノベーション（経営革新・新事業開発）支援」という基本テーマの下で、中小企業をとりまく経営環境の変化、経営革新および新事業開発、成長段階における基本戦略、多角化による企業規模の拡大、個別分野別の経営革新対策等のテーマについて検討を加えてきました。

　本章ではそれらを取りまとめする形で、事業計画の作成はいかにあるべきかについて論じ、議論を総括していくことにしたいと思います。事業計画の作成に際しては、ハーバード大学教授R・キャプランおよびビジネス・コンサルタントD・ノートンの提唱による経営戦略管理システム・手法であるバランスト・スコアカードの考え方を全面的に参照して、取りまとめをすすめていくこととします。

　この場合に、なぜバランスト・スコアカードなのかについてですが、まず、キャプランとノートンのバランスト・スコアカードにかかわる以下のコメントから紹介していきます。

　すなわち、「バランスト・スコアカードは、単なる戦術的ないしオペレーショナルな業績評価システムではない。革新的企業はバランスト・スコアカードを戦略的マネジメント・システムとして利用し長期的展望に立ってマネジメントしている。こうした革新的企業はバランスト・スコアカードの業績評価能力を利用して、次のi～ivのような4つのマネジメント・プロセスで戦略をマネジメントしている。

　　i　ビジョンと戦略を明確にしわかりやすい言葉に置き換える。
　　ii　戦略的目標と業績評価指標をリンクし周知徹底させる。
　　iii　計画・目標設定・戦略プログラムの整合性を保つ。
　　iv　戦略的フィードバックと学習を促進する。」とコメントしています。
　　　（「バランスト・スコアカード」R・キャプラン＆P・ノートン＜生産性出版＞）

図表 4-1　行動の戦略的フレームワークとしてのバランス・スコアカード

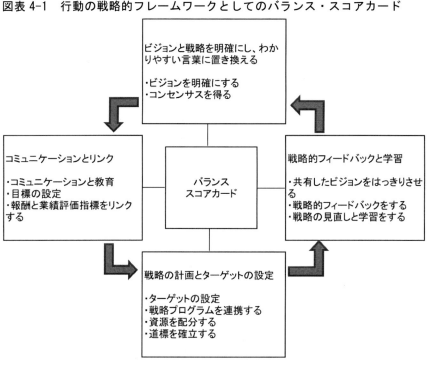

出所:「バランス・スコアカード」R・S・キャプラン、D・P・ノートン(生産性出版)

　また、バランスト・スコアカードの日本への紹介で著名な吉川武雄氏(横浜国大名誉教授)の解説において、事業計画の作成に際してなぜバランスト・スコアカードの考え方が有用であるのかにつき、その根拠を端的にうかがい知ることが出来ます。

　すなわち、「日本企業をとりまく時代環境は今大きく様変わりしつつある。中でもとくに重要なのは、これからの将来は必ずしも過去の延長線上にあるとは限らないという点である。そういう中で、企業に対する評価は財務的要因のみではなく非財務的要因、とくに＜戦略の実行＞という側面を非常に重要視するように変わってきている。この＜戦略の実行＞を確実に実現するものこそ、外でもないバランスト・スコアカードである。」としています。

　また、「バランスト・スコアカードは企業経営におけるナビゲーターの役割

を果たし、総力戦で企業を成功に導く戦略経営時代の戦略志向のナビゲーション経営システムである」と続けています（「バランスト・スコアカード構築」吉川武男＜生産性出版＞）。

本書の基本テーマである「中小企業のイノベーション（経営革新・新事業開発）支援」についても、同様＜戦略の実行＞を前提とするものでないと、到底十分な成果を挙げられるものでないことは言うまでもありません。

本書第１～３章では経営戦略の展開にかかわる理論・手法を取り上げて、その観点から基本テーマについて種々論じてきました。

バランスト・スコアカードは、吉川氏の解説を待つまでもなく、ある意味で経営戦略・手法を体系的に整理しなおして事業計画化していく中で、それを活用する手続きであると換言できるものとも考えられます。

第１～３章での経営戦略・手法の検討をふまえて、当第４章のような基本テーマにかかわる事業計画化プロセスを説明する箇所では、まさに打ってつけの理論体系であるとすることができようかと思います。

本章では、バランスト・スコアカードの考え方を活かしながら経営革新・新事業開発にかかわる事業計画の作成をいかに進めていくべきかについて以下議論すすめていきます。前段ではまず、バランスト・スコアカードの基本的枠組み、その構築手順等について言及、後段で事業計画表そのものの作成要領、進捗管理等について触れていくこととします。

（２）　バランスト・スコアカードの基本的枠組み

前述どおりバランスト・スコアカードはキャプランとノートンにより１９９２年に紹介されたものですが、当初は革新的な業績評価システム構築の目的で紹介されました。しかしその後、戦略実行のためのツールとして用いられるようになり、経営管理の中核をなすシステムへと発展してきました。

バランスト・スコアカードの実行において、中核的役割をはたす指標である「戦略目標」と「業績評価指標」は企業・事業全体のビジョンと戦略から導き出されます。

第4章　事業計画の作成

従って、一つひとつの「戦略目標」と「業績評価指標」は企業・事業の全体ビジョンや戦略との因果関係が明確になっているものでなければなりません。

図表4-2　バランス・スコアカードは戦略をビジネス・ユニットに落とし込むフレームワーク

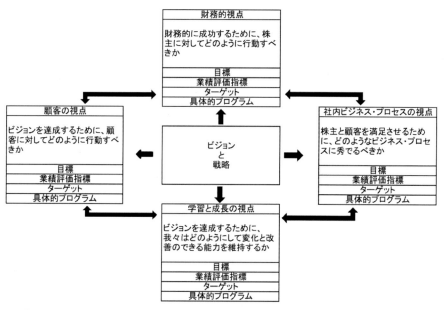

出所:「バランス・スコアカード」R・S・キャプラン、D・P・ノートン（生産性出版）

キャプランとノートンは、バランスト・スコアカードは全体のビジョンと戦略をその分析視点である「財務の視点」「顧客の視点」「業務プロセスの視点」「学習と成長の視点」の4つの視点にブレーク・ダウンし、4つの視点別に戦略目標とその具体的実行プログラムに落とし込んでいく、即ち、全体のビジョンと戦略を個別のビジネス・ユニットに落とし込むためのフレームワークであるとして、図表4-2のような全体構成図を示しています。

(3) バランスト・スコアカードの構築

① ビジョンの策定

バランスト・スコアカード構築の第1ステップは、ビジョンを策定することです。ビジョンとは第1章でも確認した通り、経営理念に沿う形で示される中期経営目標のことであり、数年後の企業のあるべき姿を数値目標を含む具体的表現で表すことが求められるものです。仮に企業がビジョンをすでに持っている場合、新規ビジョンの作成は既存ビジョンを再検討し必要によっては将来に向けて再構築するチャンスとなるものでもあります。

ビジョン設定に関しては、全社のビジョンばかりではなく、既存事業、新規事業等個別事業部門ないし事業単位別に設定を検討する必要があります。また、新規事業の場合、全社ないし既存事業ビジョンとの整合性を計りながら新たに設定するものであることはいうまでもありません。

② 全社、事業ドメインの絞り込み

ドメインとはこれも第1章で確認した通りですが、全社ないし事業の活動領域のことであり、具体的には戦略策定に先駆けて誰に（市場）、何を（顧客ニーズ）、どのように（独自能力）提供していくかにより決定されるものです。
実際の戦略策定においては、経営理念やビジョンを前提とした上で広範囲な全社ドメインを設定、環境分析をふまえた上で注力する範囲を絞り込み個別事業ドメインを設定するという手順をふむことになります。

③ SWOT分析による戦略の策定

（　戦略の策定　）
戦略は図表4－3にみるとおり、設定したビジョンを実現するために、経営外部の環境分析や内部の経営資源分析を通じて企業の強み・弱み、機会・脅威を明確にし、ドメインを絞り込んだ上で経営課題を抽出し、策定されます。

図表 4-3　戦略マップ活用による戦略の計画化

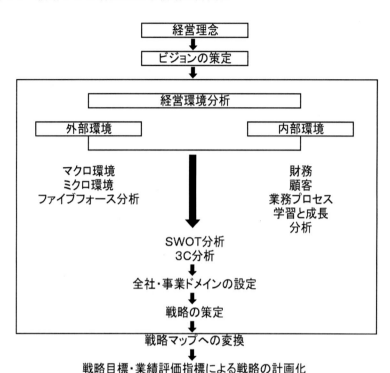

出所：筆者作成

　戦略の策定を如何にすすめるべきかにかかわる経営理論・手法については数多くのアプローチがあり、本書第2章でもM・ポーターに代表されるポジショニング・アプローチ、リソース・ベースト・ビュー（資源ベースの視点）、コア・コンピタンス論、マーケティング戦略、ブルー・オーシャン戦略等を採りあげその考え方の一端を紹介してきました。

　これらの理論・手法アプローチは、云わば経営理念・ビジョン実現についてその目的・方向性を質し、それを実践の場にいかに適合させていくかの分析・検討を経ることで、具体化を促していこうとするものと言えるかと思います。

　バランスト・スコアカードを活用する場合は戦略の実行・計画化の段階で、

そういう理論・手法の枠組みが戦略マップへ変換され、戦略目標、業績評価指標、目標値、施策項目からなるバランスト・スコアカードの実施手順によって操作されることになります。

（　バランスト・スコアカード活用を前提とするＳＷＯＴ分析　）

　ＳＷＯＴ分析にかかわる一般的な外部環境・内部環境の分析については第１章でかなり詳細にその要領を明らかにしてきましたで、ここでは分析結果をバランスト・スコアカードの分析視点ごとに整理しなおしたＳＷＯＴ分析要領にいかに取り入れていくかの点に絞り、その作業手順を明らかにしていくこととします。

　すなわち、バランスト・スコアカードの活用を前提としたＳＷＯＴ分析では、まず外部環境を機会と脅威に、内部環境を強みと弱みに分け、上下左右の４象限に区分して全体のフレームワークを作成します。ここまでは一般的なＳＷＯＴ分析用フレームワークの作成手順と同じですが、外部環境の機会と脅威については「マクロ環境」「業界」「競合」の３項目に区分し表示します。また、内部環境については自社内の状況をバランスト・スコアカードの区分である「財務」「顧客」「業務プロセス」「学習と成長」の４視点に分け表示します。これらの点が通常とやや異なる点です（図表４−４参照）。

　なお、全社と個別の既存事業や新規事業におけるＳＷＯＴは当然異なってきますので、別々に区別して作成することが望まれます。

　以上の要領に従って外部環境分析と内部環境分析を適切に行えば、経営トップにとっては多くの情報が得られ、自社が取り組まねばならない重要な課題を理解する手助けになります。

　しかし反面で、情報件数が縦横の各マトリックス項目ごとに多岐多数になりすぎて、混乱が生じることにもなりかねません。

　そこで用意されるのが、クロス分析による課題の抽出手続きです。

図表4-4　ＢＳＣ活用を前提とするＳＷＯＴ分析

		機会	脅威
外部環境分析	マクロ環境	………………………… ………………………… ………………………… …………………………	………………………… ………………………… ………………………… …………………………
	業界	………………………… ………………………… ………………………… …………………………	………………………… ………………………… ………………………… …………………………
	競合	………………………… ………………………… ………………………… …………………………	………………………… ………………………… ………………………… …………………………
内部環境分析	財務	………………………… ………………………… ………………………… …………………………	………………………… ………………………… ………………………… …………………………
	顧客	………………………… ………………………… ………………………… …………………………	………………………… ………………………… ………………………… …………………………
	業務プロセス	………………………… ………………………… ………………………… …………………………	………………………… ………………………… ………………………… …………………………
	学習と成長	………………………… ………………………… ………………………… …………………………	………………………… ………………………… ………………………… …………………………
		強み	弱み

出所：筆者作成

④　クロス分析による課題の抽出

　③項の結果を受けて次に行うべきは、外部環境と内部環境の項目別分析結果を掛け合わせてクロス分析を行い、経営課題を抽出するプロセスを踏むことで

す。クロス分析のパターンとしては次の4つの類型に分けられます。

　その1　強みを生かして機会をつかむ
　その2　弱みを克服して機会をつかむ
　その3　強みを生かして脅威に対抗する
　その4　よわみを克服して脅威に対抗する

　例えば「海外工場を活用して競合先が低価格戦略を仕掛けてきている」（外部環境・脅威）のに対して「サプライヤーが固定化されていてコストダウンが図りにくい」（内部環境・弱み）というケースがあるとします（上の類型にあてはめるとその4に該当する）。
　このケースに対しては「仕入れ先の選別を強化する」という対抗策を打ち出すことが考えられます。こういう形でクロス分析を行い分析項目ごとに経営課題を抽出します。
　それによりＳＷＯＴ分析でのマトリックス各項目ごとの情報件数のたんなる羅列状態に区切りをつけ、系統的に経営課題を整理していきます。

⑤　戦略マップによる戦略目標の設定

　クロス分析による視点別の課題の洗い出しを受けて、次に行うべきは戦略マップの作成と戦略目標の設定です。
　戦略マップの作成とは、企業が掲げる基本的ビジョンと戦略を確実に達成するために、クロス分析によって抽出された課題を各視点別にどのような戦略目標として設定すべきかについて、具体的な言葉として置き換える作業手続きであるとすることが出来ます。
　但し、戦略目標の設定は単純に具体的な言葉に置き換えるのではなく、財務の視点では具体的に何をすべきか、顧客の視点では顧客に対してどのように行動すべきか、業務プロセスの視点ではその実現を業務遂行上どのように図っていくべきか、学習と成長の視点では人材や情報システム、組織風土などの観点

第4章　事業計画の作成

からそれら上位視点の遂行目標をどのように支えていくべきか等、将来をじっくり見極めて討論参加者全員の知恵と精力をつぎ込んで設定していかなければならないものです。

さらに、このようにして作成した戦略マップと戦略目標は、ビジョンと戦略の実現のために矛盾がなく理路整然としたものでなければなりません。

換言すると、設定された戦略マップと戦略目標は、財務の視点、顧客の視点、業務プロセスの視点および学習と成長の視点の戦略目標間に「目的」と「手段」の因果関係が成り立っていなければならないということです。

キャプランとノートンは図表4－5を示したうえで「戦略マップはバランスト・スコアカードの4つの視点に関する目標間の一連の因果関係を通じた価値創造プロセスである」としています。

また、「戦略目標間の因果関係はこのような戦略マップによる可視化を通じてひろく一般にも有効なものとして認識されてきており、この可視化こそバランスト・スコアカードの導入プロジェクトの出発点である」と説いています。

（「戦略実行のプレミャム」R・キャプラン＆D・ノートン＜東洋経済新報社＞）

さらに、「戦略マップは戦略テーマ＜マップの中にある関連する戦略目標の集まり＞により系統づけられ構築される。」

すなわち、「戦略テーマの多くは戦略が実行される業務プロセスの視点から始まる目標のタテの組み合わせから成っている。その場合、戦略マップの上方では顧客の視点および財務の視点での成果につながるだけでなく、下方では学習と成長の視点における人的資本、情報資本、組織資本の潜在パワーを顕在化させ強化することにも結び付いているものでなければならない」としています。

図表4-5 戦略マップは、企業がステークホルダーのために、いかに価値を創造するかを表す

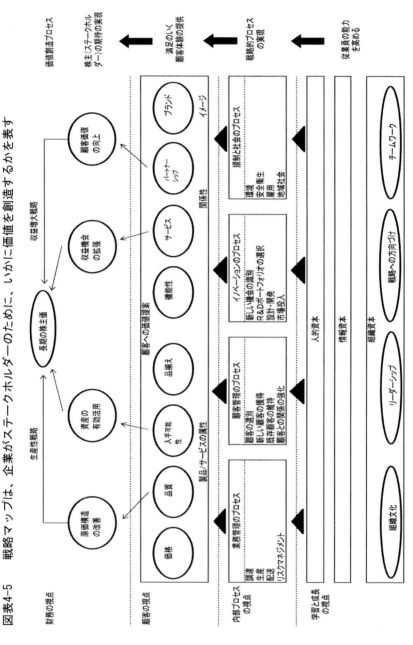

第4章　事業計画の作成

図表 4-6　戦略は企業価値創造のプロセスにもとづいた一連のテーマからなる

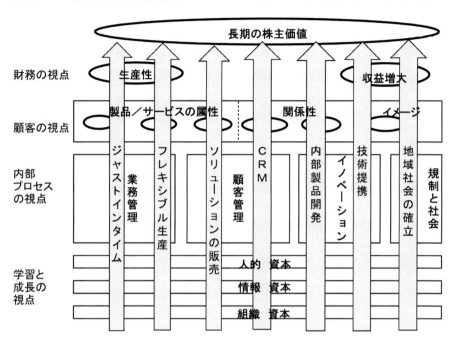

出所:「戦略マップ」R. S. キャプラン、D. P. ノートン（ランダムハウス講談社）

　その上であるハイテク製造業の事例を示し（図表4－6）「この会社は戦略の複雑性を7つの＜戦略テーマ＞に集約している。それぞれの＜戦略テーマ＞は業務プロセスの業務管理、顧客管理、イノベーション、規制と社会の各項目から始まるタテの組み合わせにより、上方では顧客への価値提案、財務的成果へと、下方では学習と成長の視点の各資本項目とを結びつける役割をはたしている」とコメントしています。

　前段で見たとおり、クロス分析による課題の抽出と戦略目標の設定は外部環境3視点、内部環境4視点合計7視点を機会・脅威、強み・弱み別にそれぞれかけあわせ4パターンの類型に分けて行うものであるので、課題・戦略目標件数は非常に多肢・多数にわたることとなりしばしば収拾のつかないことになりかねません。

戦略目標間の因果関係、戦略テーマによる系統づけの確認は、その意味でも非常に重要な作業プロセスとなる点よく理解されるところです。

⑥ 重要成功要因の抽出と業績評価指標の設定

重要成功要因とは、何がうまくいくとその戦略が具現化すると考えられるのか、成功した姿のイメージを頭に描きながら、成功するための条件を定義することとすることが出来ます。

つまり、戦略マップで全社・事業のビジョン実現に向けての戦略の流れが示されますが、個別の戦略目標を達成するためには何をすればよいのかを検討することとして位置づけられます。

換言すれば、戦略目標とつぎの作業手順である業績評価指標を結びつけるものが重要成功要因であるとすることが出来ます。逆に言えば、重要成功要因が特定されたら、それぞれの成功要因を実現するためにはどのような指標で経営管理するべきなのかを検討し、それぞれ別に対応する指標設定を行う。この指標となるものが業績評価指標であるとすることもできます。

以下、各視点別の業績評価指標設定に際する留意点について検討していくこととします。

⑦ 業績評価指標設定に際する留意点

ⅰ 財務の視点の業績評価指標

財務の視点の業績評価指標は、その企業がビジネス・ライフサイクルの成長期、持続期、収穫期のどこに位置しているかによって著しく異なったものとなってきます。

「成長期」
成長期にある企業は、成長の可能性を求めて新製品やサービスを開発したり、生産設備を導入・拡張したり、グローバルな関係を支援するシステムやインフ

ラ等に投資しなければなりません。

成長の可能性を求めて業績評価指標は積極性を喚起する意味から、どちらかというと収益の成長率、ターゲットとしている市場や顧客グループ、地域等の売上高成長率等が中心となります。

「持続期」

持続期では投資した資本からの利益を最大化するよう要求されます。業績評価指標としては投資利益率、売上高利益率、使用総資本利益率さらにはＥＶＡなどが設定されます。

「収穫期」

成長期や持続期の投資からの成果を「収穫」したいと考え、資金の回収の最大化に専心するようになります。業績評価指標としてはキャッシュフローや運転資本回転率などが挙げられます。

こうしたライフサイクルの各々に対し、財務戦略ないし個別の戦略テーマの観点を加えると、財務の視点における業績評価指標の設定はさらに具体的になります。

図表4-7 戦略的財務テーマの業績評価表

		戦略的財務テーマ		
		収益の成長と新製品やサービスのミックス	原価低減および生産性の向上	資産の有効活用および投資戦略
ビジネス・ユニットの戦略	成長期	セグメントの売上成長率、新製品・サービス・顧客別収益率	従業員1人あたりの収益	投資額（対売上比率）R＆D額（対売上比率）
	持続期	ターゲットとする顧客と講座のシェア 多方面への販売 新規用途の収益率 顧客と製品系列の利益率	自社対競合他社のコスト原価低減 売上高に対する間接費率	運転資本率（キャッシュのサイクル） 重要資産の使用総資本利益率 資産活用
	収穫期	顧客と製品系列の利益性 利益性のない顧客の割合	単位当たりコスト （製品1単位当たり）	回収期間 スループット時間

出所：「バランス・スコアカード」R・S・キャプラン、D・P・ノートン（生産性出版）

キャプランとノートンは、3つのビジネス・ライフサイクルを縦軸にとり、財務戦略として「収益の成長と新製品やサービスのミックス」「原価低減および生産性の向上」「資産の有効活用および投資戦略」の3つを仮定して、それぞれの戦略を横軸にとって図表4－7のような業績評価表を作成しています。

ⅱ　顧客の視点の業績評価指標

　顧客の視点における主要な業績評価指標としては、一般的には次のような指標が考えられています。

図表 4-8　顧客の視点における主要業績評価指標の因果関係

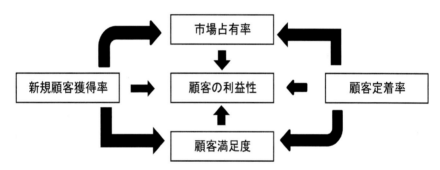

市場占有率	企業が市場で製品を販売ないしサービスを提供している割合を測定・評価する。
新規顧客獲得率	新規顧客または新規ビジネスを企業が獲得する割合を測定・評価する。
顧客定着率	企業が顧客を維持する割合を測定・評価する。
顧客満足度	戦略プログラムにおける特定業績基準に沿った顧客満足水準を測定・評価する。
顧客の利益性	顧客を支援するために必要な経費を差引いた後の顧客別の利益を測定・評価する。

出所:「バランス・スコアカード」R・S・キャプラン、D・P・ノートン（生産性出版）

第4章　事業計画の作成

- 市場占有率
- 新規顧客獲得率
- 顧客定着率
- 顧客満足度
- 顧客の利益性

　これらの業績評価指標はお互いに図表4－8のような因果関係を持つものとしてあらわすことができます。

　顧客に満足してもらい、顧客ロイヤルティーの向上を得ていく（図表4－8底辺に示される顧客満足度指標の向上を得ていく）ためには、顧客への価値提案プログラムを通じてはかっていかなければなりません。
　その価値提案プログラムは業界ごとに異なり、同じ業界でも市場セグメントが変われば異なりますが、それぞれの価値提案プログラムを構成する特性は、つぎの3つのカテゴリーにまとめることが出来ます。

- 製品とサービスの特性
- 対顧客との関係
- イメージと評判

　換言すると、価値提案プログラムは製品やサービスに関する次の6つの点を上手にバランスさせ作成されるということになります。

- 機能
- 品質
- 価格
- スピードないし時間
- イメージ
- 対顧客関係

　キャプランとノートンはそれらをまとめて、価値提案プログラムに関する一般モデルとそのリテール・バンキングに関する事例を図表4－9のような構成として示しています。

195

図表 4-9　顧客への価値提案プログラム

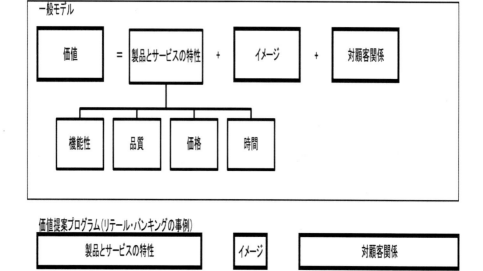

出所:「バランス・スコアカード」R・S・キャプラン、D・P・ノートン(生産性出版)

iii　業務プロセスの視点の業績評価指標

　業務プロセスの視点の基本的な実現目標は、企業基盤を確立・強化し企業としての対応能力を高める点にあります。
　また、業務プロセスは通常イノベーション・プロセス、オペレーション・プロセス、アフターサービスの３つのプロセスから成っていると考えられ、図表４－１０のような枠組みとして示されます。それぞれの内容を見ていくと以下の通りです。

図表 4-10 社内ビジネス・プロセスの視点…バリュー・チェーンのモデル

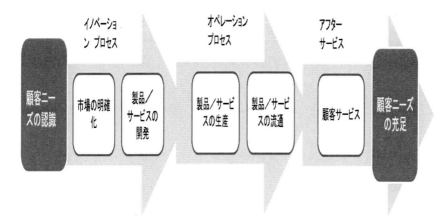

出所:「バランス・スコアカード」R・S・キャプラン、D・P・ノートン（生産性出版）

「イノベーション・プロセス」

　イノベーション・プロセスは価値創造のプロセスであり、顧客ニーズに対応した製品やサービスを具体的に開発・設計するプロセスです。次のような業績評価指標が考えられます。
- 総売上高に対する新製品売上高の割合
- 新製品開発計画件数に対する実現した新製品開発件数
- 競合他社の新製品投入件数に対する自社の新製品投入件数
- 次世代製品の開発に要する時間

「オペレーション・プロセス」

　オペレーション・プロセスは顧客に製品やサービスを効率的に生産ないし販売するプロセスです。
　生産面にかかわる業績評価指標としては、次のような例が挙げられます。
- 受注から納品までのリードタイム
- 歩留まり率
- 返品率

- 製品1個当たりの製造コスト
- 在庫回転日数

一方、販売面にかかわる業績評価指標としては、次のような例が考えられます。

- 受注獲得高
- 設計／生産計画の変更回数
- 納期遅れの回数
- 製品1個当たりの物流コスト

「アフターサービス」

アフターサービスは企業のバリューチェーンの最終段階となるプロセスです。業務プロセスにおける努力の成果を写す鏡であり、将来の問題点を洗い出し改善し促進する起爆剤となる重要なプロセスです。

次のような業績評価指標を設定することが出来ます。

- 保証サービス回数
- 1回あたりのサービス時間ないしコスト
- クレーム処理回数・1回あたり処理時間ないしコスト
- 環境対策投資額

iv 学習と成長の視点の業績評価指標

学習と成長の視点は、財務の視点、顧客の視点および業務プロセスの視点における戦略目標や業績評価指標を達成するために、いかにして企業としての変革能力、成長力および学習能力を提供すべきかにかかわる視点です。財務、顧客、業務プロセスの3つの視点で優れた成果を得ていくための牽引車としての役割をはたすものであるとすることができます。

キャプランとノートンはこうした企業の変革能力、成長力および学習能力を確立するためには次の3つの要因を高めなければならないとしています。

- 従業員の能力

- 情報システムの能力
- モチベーション、エンパワーメント、アライメント

　このうち従業員の能力は社員一人ひとりの能力開発ないし人材開発を意味しています。しかし最近では企業をとりまく環境の変化がはげしく、従業員の能力開発ないし人材開発だけでは、業務プロセスの視点、顧客の視点、ひては財務の視点における戦略目標ないしターゲットを支援することは難しくなっています。それどころか、学習と成長の視点における社員一人ひとりの満足度ですら十分に満たすことが出来なくなってきています。

　図表4－11からも分かるように、技術のインフラや前向きの組織風土ないし社風も必要不可欠です。

　このうちスタッフのコンピタンスは従業員一人ひとりの能力開発人材開発により、技術のインフラは情報システムの能力、そして前向きの組織風土ないし社風はモチベーション、エンパワーメント、アライメントなどにより実現することが出来ます。

　こうした従業員満足度やスタッフのコンピテンス、情報システムの能力、モチベーション・エンパワーメント・アライメント等の充足レベルを測定する業績評価指標の例としては次の事例が挙げられます。

- 従業員満足度　　　・・・　　　従業員満足度
　　　　　　　　　　　　　　　　従業員の生産性
　　　　　　　　　　　　　　　　従業員定着率
- スタッフのコンピタンス　・・・　戦略的業務装備率
- 情報システムの能力　・・・　戦略的情報装備率
- モチベーション・エンパワーメント
　　　　・アライメント　・・・　提案件数
　　　　　　　　　　　　　　　　実行件数
　　　　　　　　　　　　　　　　個人的評価と組織的評価の調整
　　　　　　　　　　　　　　　　チームとしての業績達成

図表 4-11　学習と成長の視点における業績評価のフレームワーク

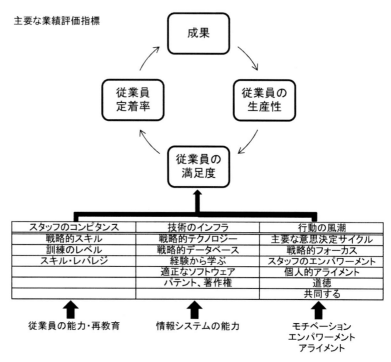

出所:「バランス・スコアカード」R・S・キャプラン、D・P・ノートン(生産性出版)
　　　図表の一部修正(筆者作成)

⑧　スコアカードの作成

以上①〜⑦での分析・検討をふまえて、スコアカードは以下の手順により作成します。

i 　まず⑤〜⑦項で検討・策定した「戦略目標」および「需要成功要因」「業績評価指標」をスコアカードに転記します。その場合、スコアカードは既存事業分と新規事業分にわけて用意します。
ii 　「戦略目標」「重要成功要因」「業績評価指標」に対する担当部門、責任者

を明確化します。

iii 「数値目標」に関しては、新規事業については新事業の開発であり、経営革新を志向するものであるので、現状打破的なチャレンジ精神に満ちた数値目標を設定します。数年後の飛躍・発展を期する数値目標でありたいところです。

図表 4-12　スコアカードの作成

視点名	戦略目標	重要成功要因	業績評価指標	ターゲット（数値目標）	アクションプラン	担当部門
財務の視点						
顧客の視点						
業務プロセスの視点						
学習と成長の視点						

出所：諸資料参照筆者作成

iv 既存事業については、過去の実績値、成行き値、社内外標準などを参考にして「目標値」を仮設定します。そして「目標値」と「実勢値」のギャップを認識し、担当部門にギャップ克服のための施策の検討を依頼します。
v 検討を依頼された各部門は施策の成功の度合いを見極め、「目標値」の達成可能性を前提として上位部門と「目標値」の調整を行い再設定します。
vi その上で新規事業、既存事業それぞれについてアクションプランを記入しスコアカードを完成させます。

2　事業計画表へのとりまとめと進捗管理

（1）　事業計画表へのとりまとめ

① 事業計画表の内容

　事業計画表の作成に関してこれまでのところでは、主としてバランスト・スコアカード活用による策定要領について検討を加えてきました。
　それをふまえて以下では事業計画表そのものの取りまとめについて、計画項目別に主な論点を質していくこととします。
　事業計画表の内容には特定の形式やきまりがあるわけではありませんが、最も一般的な内容の構成例を示すと以下のとおりです。

　　i　サマリー・目次
　　ii　企業の概要
　　iii　経営理念・ビジョン・事業目標
　　iv　製品・サービス　市場・顧客
　　v　ビジネス・モデル　事業戦略
　　vi　マーケティング戦略
　　vii　生産・仕入　研究開発
　　viii　経営チーム・組織体制
　　ix　財務
　　x　リスク対応
　　　　添付資料

　ただし、本書でこれから採りあげようとする事業計画表は、いわばこれまでに示したすべての記述内容の集大成でもあり、第1～4各章の説明と深く関わりを持っているものであるので、本書全体を体系的に把握して作成することが望まれます。
　とくに、計画表の作成手順は、バランスト・スコアカードの考え方を全面的

に取り入れてまとめていくということを前提にしていますので、その意味では第4章1項での検討結果を十分勘案して取りまとめていくということであってしかるべきです。

② 項目別作成上のポイント

以下各項目別の計画作成上のポイントについて順次ふれていくこととします。また、それぞれの取りまとめ要領として、その項目がこれまでの各章で採りあげてきた種々の分析・検討結果のどの部分と最もつながりが深いか、についても適宜ふれていきたいと思います。

ⅰ サマリー・目次

単なるイントロダクションではなく、事業計画全体の集大成として位置づけられる必要があります。社内外の関係者が最初に見る部分であり、事業計画の印象を決定づける部分でもあるので、簡潔に要点を押さえて読み手を引き付ける内容でありたいところです。

サマリーの後には目次を添付します。

ⅱ 企業概要

会社名、住所、代表者名、事業目的、電話・ファックス番号、Eメール・アドレス、従業員数、設立年月日、資本金、支店／営業所／工場、最近の売上高／利益金額、連絡担当者　等を記載

ⅲ 経営理念・ビジョン・事業目的

経営理念は「何のためにこの事業を行うのか」という本質的な事業の意味を表現するもの。ビジョンは事業の将来像、行動指針、ステークホルダーに対するミッションなどを表示します。

いずれも本書第1章2および第4章1でも言及したところであり、そこでの検討結果を参考にして作成します。

事業目標はビジョンと重なる部分もありますが、売上高や利益などの数値的な目標および事業ドメイン・展開事業・業界におけるポジショニングなどの質的な目標を明示します。

ⅳ 製品・サービス、市場・顧客

事業内容の定義、事業経緯・業績推移（すでに開始している事業の場合）、製品・サービスの内容（製品・サービスについてのスペック・価格・特徴などの詳細、ライフサイクルの長さ、顧客に対する提供価値　等々）、市場・対象顧客（市場の規模や成長性あるいは対象顧客の特性　等々）、業界構造（原材料などの供給者、新規参入、法規制あるいは今後の方向性　等々）、競合状況（競合先企業の製品・サービスの特性、強み・弱みの分析など）などを示します。

以上は簡単な事業の定義ともいえ、市場や業界の動向を示すことで次項のビジネス・モデルや事業戦略の前提条件を示すものとも言える部分です。

取りまとめの要領としては、第4章1（3）項「ＳＷＯＴ分析・内外環境分析」で行った分析結果を丹念に読み返すことで、かなりの情報が得られるはずであり、そのうちの該当項目を取り上げてまとめていくと効果的です。

ⅴ ビジネス・モデル、事業戦略

事業の構造・仕組みを意味するビジネス・モデルは、できるだけ図表などを用いて可視化して説明すること。顧客サービスや販売システム、事業システム、課金の仕組み等はチャート化して示すことが望まれます。

事業戦略は前項で取り上げた事業内容、製品・市場分析、競合分析、業界分析等を前提として構築されます。どのような競争戦略、成長戦略あるいは新しい戦略手法により対象分野にアプローチしていこうとするのかを説明しなければなりません。他企業に比べて競争優位性はどこにあるのか、既存の方法にはない革新性はどの部分なのかといった設問に十分応えられるものが要求さ

れます。
　まず、ビジネス・モデル、事業戦略等の基本概念をふまえた上で、事業としての基本的な方向性を示すこと。その上で第4章で検討・理解した戦略マップの仕組みを図示し、基本戦略実現に向けてのプロセスを系統的に説明する。そうすることでより説得的な説明文として当項目をまとめることが出来るはずです。

vi　マーケティング戦略

　前述した事業戦略をベースにして、実際に売り上げを上げていくためには、どのようなマーケティング対策をすすめていくかについて記述します。
　対象顧客や差別化のポイントなどのトータル的な部分についてはすでに記述済みであり、ここではより効果的なマーケティング・ミックスを選択することによりマーケティングの具体的な打ち出し方について説明します。
　第4章の「バランスト・スコアカードの構築」のところで行った分析プロセスのうち、主として顧客の視点、業務プロセスの視点などのくくりからマーケティング・ミックスにかかわる指摘事項をピック・アップし整理・集約することで効果的な説明記述に仕上げることができるはずです。

vii　生産・仕入、研究開発

　生産に関しては（製造業の場合）製造設備、製造技術、パテント、製造方法、原材料などについて、仕入れについては（流通業の場合）仕入れ方法、主な仕入れ先、仕入れ条件などについて説明します。
　研究開発については、製品やサービスには寿命があり、顧客のニーズにあった次の製品やサービスを開発することが不可欠です。今後の研究体制と開発費用の見積もり計画等を明確にしておくことが大切です。
　これも前項同様バランスト・スコアカード分析での、主として顧客の視点、業務プロセスにかかわるピック・アップ事項を採りあげ整理、説明します。

ⅷ　経営チーム、組織体制

　経営チームについては、主要マネジメント・メンバー（代表取締役、取締役、主要部門リーダーなど）の職位一覧を提示。これまでの略歴（学歴、職歴、主な達成事項など）を記載、それぞれの専門性、役割分担、責任体制を明確にし強力なチームを構成していることをアピールします。
　組織体制については、どのような組織形態で事業運営を行っているかを記します。新規事業の場合、本社・既存部門との関係・支援体制も明らかにし、当初段階と成長段階での組織体制について説明します。
　いずれもＳＷＯＴ分析での内部環境分析や学習と成長の視点にかかわるピック・アップ事項等を読み返すことで説明すべきポイントは判然とするはずです。

ⅸ　財務

　事業計画作成の目的の一つに資金調達の問題があります。
　財務データはその事業が本当に実現可能なものであるかどうかを、定量的に証明するものでもあります。
　財務データの中心になるものは「損益計算書」「貸借対照表」「キャッシュフロー計算書」の３つです。
　その他に財務データではありませんが、重要なものとして「資金計画表」「販売計画表」があります。いずれも財務データの前提となるものであり、まずそちらの方からその内容を質していきます。

「資金計画表」
　必要な資金と調達について示したものが資金計画表です。
　どのような目的のために、どの程度資金が必要なのかを明らかにします。調達については自己資金に加え、金融機関からの借り入れ、公的資金の活用などその方法と金額を示します（図表４－１３参照）。

図表 4-13　資金計画表

（資金計画表）

必要資金	金額	調達方法	金額
・店舗、工場、事務所等の取得費	○○○万円	・公的資金借入れ（内訳）	
		日本公庫	○○○万円
・機械、設備等の取得費	○○○万円	設備資金貸付事業	○○○万円
		・自己資金（内訳）	
・運転資金	○○○万円	自己資金	○○○万円
		友人・親戚等	○○○万円
		・銀行（内訳）	
		A銀行	○○○万円
		B信金	○○○万円
計	○○○万円		○○○万円

出所：諸資料参照筆者作成

「販売計画表」

　販売計画を作成の場合、まず販売予測をする必要があります。さまざまな前提条件を反映させ季節要因、年度ごとの成長率などを考慮して作成します。
　併せてコスト予測（売上原価、販管費、金利など）も必要です。また、利益を生む見込みの場合、配当や税金も考慮しなければなりません（図表4－14参照）

図表 4-14　販売計画表

（販売計画表）

	初年度 1～12月次	2年度 上半期/下半期	3年度 通年
＜全社目標＞			
売上高			
売上原価			
売上総利益			
経費			
人件費			
物件費			
減価償却			
その他			
営業利益			
経常利益			
＜部門別目標＞			
A部門			
売上高　（社内シェア）			
総利益　（社内シェア）			
営業利益　（社内シェア）			
B部門			
C部門			
新規事業			

出所：諸資料参照筆者作成

「損益計算書」

　損益計画は損益計算書で示されます。

　一般的な損益計算書の形式は以下の通りです。通常3期分を作成します。

- ・　売上高　　　　　　　　　　　　　　×　×　×
- ・　売上原価　　　　　　　　　　　　　×　×　×
- ・　売上総利益　　　　　　　　　　　　×　×　×
   　　販売費および一般管理費　　　　　×　×　×

・ 営業利益	×	×	×
営業外損益	×	×	×
・ 経常利益	×	×	×
特別損益	×	×	×
税引き前当期利益	×	×	×
法人税・住民税・事業税	×	×	×
・ 当期利益（損失）	×	×	×

「貸借対照表」
　スタート時あるいはその後の一定時点の予測される資産、負債、資本を表示します。

- 資産　：　現金、預金、売上債権、棚卸資産、固定資産などを表示
- 負債　：　借入金、買掛金、未払い金などを表示
- 資本　：　資本金、剰余金、利益などを表示

「キャッシュフロー計算書」
　キャッシュフロー計算書とは、第1章2項でも確認した通り予測される一定期間のキャッシュフローを営業活動、投資活動、財務活動に区分して表示したものです。将来の資金創造能力や支払い能力を明らかにするために作成されます。資金的自立を指向する上でも、投資家は財務データのなかでもとくにキャッシュフロー計算書を重視します。
　企業の経営は、たとえ帳簿上の利益が出ていても、キャッシュが手元になければ約束の支払日に代金が支払えず黒字倒産することになります。逆に帳簿上赤字であってもキャッシュが手元にあり、約束の支払日に支払いができれば倒産することはありません。従って将来のキャッシュフローを予測することは大変重要になります。
　キャッシュフロー計算書の計算方式については第1章2項でも簡単にふれましたが、トータル的なフォーマットの形で示すと図表4－15事例参照のとおりとなります。

営業活動によるキャッシュフローは、税引き前当期利益に減価償却費、各種引当金等の非キャッシュ項目を修正、受取利息・配当金、支払利息、為替差損益等当期利益を営業利益に修正するための調整を行い、売上債権、棚卸資産、仕入れ債務等運転資金の増減にかかわる項目を修正、まず小計を算出します。その上で受取利息・配当金、支払利息、法人税等実際にキャッシュの受け払いがあった額を加減して合計金額を算出します。

　投資活動によるキャッシュフローは事業戦略上の投資行為、M＆Aによる他社株式の取得などを有価証券取得による支出として計上、他方資金捻出、事業戦略上の保有株式売却等を有価証券売却による収入として計上します。

　有形固定資産の取得ならびに売却についても同様の考え方で整理します。

　財務活動によるキャッシュフローは資金調達に関する部分であり、借入金や増資に伴う資金流入や借入金の返済、社債の償還等にかかわる資金流出入を記入します。

　なお、営業活動によるキャッシュフローに投資活動によるキャッシュフローを加えたものをフリーキャッシュフローと言います。

　フリーキャッシュフローは借入金の返済等の原資になるものであり大変重要です。フリーキャッシュフローがプラスになっている場合、借入金返済により財務内容を健全化することが出来るという意味合いになりますが、投資活動が相対的に不活発であることの結果である場合もあり、よく内容を読み込んで判断する必要があります。

第4章　事業計画の作成

図表 4-15　予想キャッシュフロー計算書

	初年度 （月次）	2年度 （上期）	（下期）	3年度 （年度）
（計算項目）				
1　営業活動によるキャッシュフロー				
税引前当期利益				
減価償却費				
諸引当金増減				
受取利息・配当金				
支払利息				
為替差損益				
売上債権増減				
棚卸資産増減				
仕入債務増減				
その他調整				
小計				
利息及び配当金受取額				
利息の支払額				
役員賞与支払				
法人税支払				
計				
2　投資活動によるキャッシュフロー				
有形固定資産増減				
有価証券増減				
その他増減				
計				
1+2　フリーキャッシュフロー				
3　財務活動によるキャッシュフロー				
短期借入金増減				
長期借入金増減				
社債発行・償還				
増資				
配当金				
計				
1+2+3　キャッシュフロー				
キャッシュ期首残高				
キャッシュ期末残高				

出所：諸資料参照筆者作成

x　リスク対応

　新規事業の場合、いかに詳細に計画を立案しても、予測しがたいリスクが生じることは避けられません。
　事業を推進する上で、考えられるリスクやマイナス面も率直に盛り込んで計

画を立てる必要があります。同時にそのリスクや問題点の解決方法も提示しリスクマネジメントの内容を説明することが重要です。

（２） 事業計画の進捗管理

事業計画の進捗管理とは、計画と実績を比較し差異がある場合はその原因を特定し、計画や施策の見直しを行うことです。

計画と実績の差異分析は、普通「計画が妥当なものではなかったのではないか」「施策に問題があったのではないか」「経営環境に大きな変化があり、計画が現在の環境に合わなくなったのではないか」という３つの視点で進められます。

従って、妥当な計画が設定されており、計画達成に向けて最適な施策が効率的に展開されている状況をつくりだすことが、進捗管理の最も重要な目的であるということになります。

ここではそれを、バランスト・スコアカード運用上の観点および事業計画そのものの運営管理の観点の２つの側面から採りあげて問題点を質していくこととします。

① バランスト・スコアカードの継続的ブラッシュ・アップ

前出の吉川武男氏はバランスト・スコアカードの運用に関して、その継続的ブラッシュ・アップは以下をチェックすることにより達成できるとしています。
即ち
　i　バランスト・スコアカードに組み込んだ戦略目標、重要成功要因、業績評価指標は適切か。
　ii　バランスト・スコアカードで何をどのようにマネジメントしたいのか。
　iii　バランスト・スコアカードは既存の４つの視点で充分か。
　iv　単なるフィードバックに基づくマネジメントではなく、フィード・フォワードに基づくマネジメントを実施しているか。

また、i～ivの各指摘については、それぞれ次の疑問点により質していかねばならないとしています。
- i 業績の評価結果の報告と分析情報をふまえて、必要によっては戦略目標、重要成功要因、業績評価指標を組み替えなければならない。
- ii たとえば業務プロセスの視点においては、品質の高い製品をできるだけ安く効率的に生産するのが望ましいというのが一般的常識になっている。しかし、独自性、差別化を図りながら競争優位を獲得したいならば、その狙いに沿う独自の業績評価指標を選択すべきである。
- iii バランスト・スコアカードの構築プロセスでは意外と企業内部に目を向けすぎ、企業外部を軽視して視点を設定することが多くなりがちである。バランスト・スコアカードが焦点をあてている視点を再検討することも忘れるべきでない。
- iv バランスト・スコアカードを構築した当時と現在および将来ではビジネス環境が大きく変わっているかもしれない。こうした場合新たなビジョンと戦略を策定する、あるいは、その実現に向けた戦略プログラムないしアクションプランも再編成し、企業を方向付けし直していく必要がある。

こうした戦略的学習と適応のプロセスは経営戦略の遂行に不可欠であり、それを可能にするのが外でもないバランスト・スコアカードである、と同氏は結んでいます。

とくに経営管理体制が十分に整っていないケースが多い中小・小規模企業の場合、最初につくった戦略マップやバランスト・スコアカードが実績に照らして問題や矛盾が認識される場合が大いに考えられます。

大切なことはこれらの問題や矛盾を正しく認識し、次期の戦略マップやスコアカード作成時にそれらを反映して、より良い経営戦略を策定するという点にあります。まさにPDCAの繰り返しが重要であるということです。

はじめから完璧な戦略マップ、バランスト・スコアカードを作ろうとせず、何度もPDCAを繰り返すことでより自社に合った戦略マップ、バランスト・スコアカードを作っていくことを心掛けるべきです。

② 事業計画の確実な実行

　事業計画を策定しただけではほとんど意味をなさないばかりか、策定した計画の方針に沿ってそれを実行していかなければ、マイナスに作用することにすらなりかねません。したがって、策定した計画を確実に実行に移すためには、以下の諸点を心掛けながら取り組みを進めていく必要があります。

ⅰ　トップによる率先垂範

　全社的に盛り上がった計画に対する熱意を経営に生かし続けていけるかどうかは、トップが継続的に牽引力を発揮できるかどうかにかかっています。計画の重要性を多くの従業員に理解させるために、トップが先頭に立って取り組みの推進役を果たしていくことがきわめて重要です。できれば専門のプロジェクト・チームを組み、トップが最高責任者としてチームに参加し、陣頭指揮にあたることが望まれます。

ⅱ　計画のタイムリーな見直し

　中長期計画の場合、計画の効果を高めるには環境の変化に応じてプログラムの内容をベストの状態に保てるよう、既定の計画を見直していく必要があります。一般的には、少なくとも１年ごとにローリングする手法で見直しをするしくみがとられています。
　中長期計画は３〜５年以上先の会社の姿を目標化したプログラムと言えますが、見直しや修正が不可欠であることを考慮すると、終わりのない計画であるとすることも出来ます。

　単年度計画の場合は、計画の進捗管理をよりきめ細かく実施することが必要です。以下のような形での実施が求められます。

第4章　事業計画の作成

- 多段階で進捗管理を行う

　事業計画は最終的には個人の事業計画にまでブレーク・ダウンされます。事業計画の達成状況を正確かつ緻密に把握するためにはさまざまなレベルでの進捗管理が必要です。

- 短いスパンで定期的に進捗管理を行う

　進捗管理によって判明した問題に対しては、直ちに原因を特定し計画そのものや計画遂行のための施策の見直しを行わなければなりません。

　例えば、経営環境の大きな変化により計画そのものが不適切になっているのにかかわらずそのまま放置していると、経営資源の無駄な投入や正しく対処していれば得られたであろう成果の機会損失につながることになってしまいます。

　さらに、進捗管理を定期的に行うことにより計画管理のスパンが明確になり、一定期間ごとに進捗管理を行うというルールが定着しやすくなります。組織の規模や事業内容にもよりますが、管理サイクルのスパンは事業部単位で1か月、課・係の単位で1週間、個人単位では毎日というのが一つの目安になります。

ⅲ　徹底したフォローの実施

　計画を実行し、効果を上げるためには定期的な報告会や発表会（コンテスト、研究会等）等をタイミングよく実施し、従業員に対して常に参加意識を持たせる必要があります。

　進捗管理の実際のすすめ方としては、進捗管理のチェックを受ける側が計画と実績の差異分析を行い、会議などで報告し、討議の上で計画の見直しや施策の修正などを行うといったことが基本になります。

【参考文献等】

まえがき
- 「平成26年度　中小企業支援計画の概要・解説」中小企業庁

第1章
- 「2000年版　中小企業白書」中小企業庁
- J・シュムペーター「経済発展の理論」岩波書店、1977年
- 早稲田大学アントレプレヌール研究会「ベンチャー企業の経営と支援」日本経済新聞社、2000年
- 金井一頼「ベンチャー企業経営論」有斐閣、2002年
- P・ドラッカー「イノベーションと企業家精神」ダイヤモンド社、2007年
- 大江建「何故新規事業は成功しないのか」日本経済新聞社、2008年
- 中小企業診断協会「中小企業診断実務補習テキスト」2008年

第2章
- M・ポーター「競争の戦略」ダイヤモンド社、1982年
- M・ポーター「競争優位の戦略」ダイヤモンド社、1985年
- M・ポーター「競争戦略論」ダイヤモンド社、1995年
- 佐久間陽一郎「中小製造業の戦略策定ハンドブック」郡山地域テクノポリス推進機構、2002年
- G・ハメル＆C・K・プラハラード「コア・コンピタンス経営」日本経済新聞社、1995年
- J・バーニー「企業戦略論」ダイヤモンド社、2003年
- 橋本豊「いま経営戦略を読みなおす」実務教育出版社、2012年
- 小川正博＆西岡力「中小企業のイノベーションと新事業創出」同友館、2012年
- P・コトラー「マーケティング原理」ダイヤモンド社、2003年
- P・コトラー「コトラーの戦略的マーケティング」ダイヤモンド社、2005年
- W・C・キム＆R・モボルニュ「ブルー・オーシャン戦略」武田ランダムハウスジャパン社、2005年

- 沼上幹「経営戦略の思考法」日本経済新聞社、2009 年
- 三谷宏治「経営戦略全史」ディスカバートウェンティワン、2013 年

第 3 章
（ 1 項　海外展開 ）
- 東京都中小企業診断士協会城西支部国際化コンサルティング研究会グループ研究チーム「中小企業の国際化診断着眼点」2010 年 4 月
- 東京都中小企業診断士協会城西支部国際化コンサルティング研究会グループ研究チーム「中小企業の事業海外展開支援の手引き」2014 年 7 月
- 東京都中小企業診断士協会城西支部国際化コンサルティング研究会グループ研究チーム「グローバル人材の育成と中小企業」2013 年 6 月
- 山根英樹「小さな会社でもできる海外取引ガイドブック」中央経済社
- 中小企業庁編「中小企業白書」　2012 年版経済産業省中小企業庁
- 「中小企業海外展開支援施策集」平成 25 年 4 月
- 経済産業省「通商白書」2011 年版、2013 年版
- 中小企業基盤整備機構「中小企業が海外事業を成功させるための方法」全体監修コンサルビューション株式会社代表高原彦二郎

（ 2 項　人的資産管理 ）
- 清家篤「雇用再生」　NHK 出版、2013 年
- 川喜多喬「人材育成論集　中小企業編」　新翠舎、2013 年
- 長沼博之「ワークデザインこれからの<働き方の設計図>」阪急コミュニケーションズ、2013 年
- 酒井穣「「日本で最も人材を育成する会社」のテキスト」光文社、2010 年
- 国民生活金融公庫総合研究所編「小企業で働く魅力」　中小企業リサーチセンター、2008 年
- 宇田川荘二「中小企業の人材活用戦略」　同友館、1999 年
- 鈴木淳子「人事・労務がわかる事典」　日本実業出版社、1997 年
- 鈴木竜太「関わり合う職場が生み出す力」　Diamond Harvard Business Review、　2014
- 高木晴夫「人的資源マネジメント戦略」有斐閣、2004 年

- 糸賀大「キラリと輝く人づくり　人材育成型賃金制度」学文社、2007 年
- 和田彰「日本で一番働きがいのある会社」中経出版、2010 年
- 中小企業庁「中小企業白書」2007 年、2012 年
- 金井壽宏「働くひとのためのキャリア・デザイン」PHP 新書、2002 年
- 金井壽宏、高橋俊介「部下を動かす人事戦略」PHP 新書、2004 年

（　4 項　リスクマネジメント　）

- 経済産業省『先端企業から学ぶ事業リスクマネジメント　実践テキスト』2005 年
- J-Net21[中小企業ビジネス支援サイト]　中小企業のための『リスクマネジメント入門』
- 中小企業庁『BCP ガイド』2008 年
- 吉野太郎『事業会社のためのリスク管理・ERM の実務ガイド』中央経済社　2012 年
- 二木一彦『図解　ひとめでわかる　リスクマネジメント』東洋経済　2012 年

（　5 項　公的支援施策　）

- 「２０１４年版　中小企業白書」中小企業庁
- 「平成２６年度版　中小企業施策利用ガイドブック」中小企業庁
- 「平成２５年度　中小企業施策総覧」中小企業庁
- 「認定支援機関早わかりガイド」中小企業庁「ミラサポ」
- 「経営革新等支援機関マニュアル」関東経済産業局
- 「平成２６年度　起業・ベンチャーを支援します」中小企業庁
- 「平成２６年度　中小企業の新たな事業活動を支援します」中小企業庁
- 「平成２６年度　技術の高度化・IT 化・知財活用を支援します」中小企業庁
- 「中小企業海外展開支援施策集　平成 26 年 3 月」中小企業庁
- 「平成２６年度　人材確保・育成を支援します」中小企業庁
- 「平成２６年度　金融支援策のご案内」中小企業庁

第 4 章
- R・キャプラン＆D・ノートン「バランス・スコアカード」生産性出版、1997 年
- R・キャプラン＆D・ノートン「戦略実行のプレミアム」東洋経済新報社、2009 年

- R・キャプラン＆D・ノートン「戦略マップ」ランダムハウス講談社、2005年
- 吉川武男「バランス・スコアカード構築」生産性出版、2003年
- 伊藤一彦＆上宮克己「バランス・スコアカードの創り方」同友館、2005年
- 中小企業庁・中小機構「経営革新等支援機関マニュアル」

【編著者・執筆者略歴】

[編著者]
朝倉　雄一（あさくら　ゆういち）
　一橋大学社会学部卒業。総合商社兼松（株）入社、繊維、経営企画部門、監査室長等歴任の後、関係都銀子会社役員を経、平成6年経営コンサルタントとして独立。主として都内城西地区中小商工業、商店街等の経営相談・支援業務に従事。専門分野は経営戦略、マーケティング、財務分析等。東京都中小企業診断士協会城西支部顧問、日本経営診断学会会員、中小企業診断士。編著書として「地域密着型金融のための経営診断・経営支援」「これから伸びる11分野39業種」（いずれも税務経理協会）「中小企業の経営改善と事業再生」（金融財政事情研究会）等がある。まえがき、第1、2、4章を執筆。

[執筆者]
東　　新（ひがし　しん）
　1972年武蔵大学経済学部卒業。極東貿易株式会社（人事、輸入、米国駐在）、山勝真珠株式会社（輸出、台北出店PJ）、NTTエレクトロニクス株式会社（米国駐在、子会社国内外営業）に勤務。2006年中小企業診断士登録。東京都中小企業診断士協会城西支部国際部所属。
　第3章1項「海外展開」の執筆を担当。

滝沢　悟（たきさわ　さとる）
　秋田工業高等専門学校卒業、慶応義塾大学経済学部卒業。日本電信電話公社（現NTT）入社、電気通信設備の開発、設計、建設、保守、品質管理に従事、NTT支店長を経て、NTTグループIT企業の企画部長、総務人事部長を歴任。2006年中小企業診断士登録。一般社団法人城西コンサルタントグループ理事・副会長、東京都中小企業診断士協会城西支部所属。
　第3章2項「人的資産管理」の執筆を担当。

小菅　章裕（こすが　あきひろ）

　KPMG FAS にて、業務プロセス改善、リストラクチャリング、不正リスクマネジメントに従事後、独立。コスガ・ビジネスコンサルティング株式会社、こすが行政書士事務所設立し、コンサルティング、コンプライアンスサービスを提供。また、資格の学校 TAC おいて CIA（公認内部監査人）資格講座、事業再生セミナー等の講師を勤める。中小企業診断士、行政書士、公認内部監査人、米国証券アナリスト。

　第３章３項「資金調達」を執筆。

竹口　佳宏（たけぐち　よしひろ）

　1980 年　同志社大学経済学部卒業。外資系企業の日本における財務経理部門のトップを長く務める。ＢＰジャパンおよびＢＰカストロール(東証一部上場)のＣＦＯ，メンターグラフィックスジャパンの財務経理本部長、ＢＴジャパンのコントローラーなどを歴任。ＢＰカストロールでは、取締役財務経理本部長を経て代表取締役社長も務めた。経営戦略、管理会計分野に強い。2014 年に中小企業診断士として独立。

　第３章４項「リスクマネジメント」を担当。

岡田　康平（おかだ　やすへい）

　日本銀行出身。地域経済の調査・分析や信用リスク管理に関する事務に従事した後、西中国信用金庫（本店：山口県下関市）に転じ、調査室長として「かんもん景気ウオッチャー調査」等の立上げに参画。退職を機に中小企業診断士として独立。得意分野は経営戦略、財務分析等。

　第３章５項「公的支援施策」を担当。

（社）城西コンサルタントグループ（略称ＪＣＧ）について

　（社）東京都中小企業診断士協会城西支部（都内城西地区を主な活動拠点とする中小企業診断士約５７０名で構成）会員を中心として約１００名で構成のコンサルタント集団。コンサルティング実務、企業研修、各種セミナー開催、各種調査業務等を行なっている。

中小企業のイノベーション（経営革新・新事業開発）支援

2015年1月19日　初版発行

編著者　　朝倉　雄一

定価（本体価格2,000円＋税）

発行所　　株式会社　三恵社
〒462-0056 愛知県名古屋市北区中丸町2-24-1
TEL 052 (915) 5211
FAX 052 (915) 5019
URL http://www.sankeisha.com

乱丁・落丁の場合はお取替えいたします。
ISBN978-4-86487-311-6 C2034 ¥2000E